KB213716

리더에서 코치로

리더에서 코치로

SK 임원 출신 코치들의 코칭 이야기

고정연 권송 김달곤 윤혁노 임성배 조영이 지음

REPETO AI

들어가며

　　　　　인생의 중요한 갈림길에 서면 우리는 자연스럽게
조언자를 찾게 됩니다. 결혼, 이직, 주택 구입, 혹은 관계의 단절과 같은
중대한 결정 앞에서 마음을 털어놓을 수 있는 친구나 인생의 선배를 찾
으려 합니다. 흥미로운 점은, 그 만남이 이루어지기도 전에 우리는 종종
스스로 답을 찾게 된다는 것입니다. 복잡하게 얽힌 생각들을 누군가에게
설명하기 위해 정리하는 과정에서, 문득 자신에게 맞는 해답이 떠오르는
경험을 하게 됩니다.

　코칭 현장에서도 이러한 경험은 동일하게 나타납니다. 누군가의 이야
기를 경청하고 적절한 질문을 던지는 과정에서, 코치와 고객은 자연스럽
게 생각의 퍼즐을 맞추어 갑니다. 흩어져 있던 조각들이 정리되어 제자
리를 찾아가는 순간, 그들이 발견하는 해답은 단순한 결론을 넘어 마음
의 답답함까지 해소하며, 새로운 가능성을 향해 나아갈 용기를 줍니다.

　SK 그룹 임원으로 퇴임한 여섯 명의 저자들이 코치로서의 새로운 여
정을 시작하며 얻은 소중한 경험과 통찰을 담아, 첫 번째 책을 겸손한 마

음으로 세상에 내놓습니다. 직장 생활 중 겪었던 삶의 여정과 퇴임 이후의 고민들, 그리고 코치라는 새로운 길을 선택하게 된 배경과 그 과정에서의 성찰이 이 책에 담겨 있습니다. 이 이야기들이 독자 여러분에게 공감과 용기의 씨앗이 되기를 희망합니다.

코치로서 얻은 가장 큰 깨달음은 대단한 해답을 제시하는 것이 아니라, 상대방의 이야기를 진심으로 경청하고 그들의 잠재력을 믿는 마음이 무엇보다 중요하다는 것입니다. 오래된 친구처럼, 진심으로 상대방의 성장을 바라는 선배처럼 함께 있어주는 것만으로도 누군가에게 무척 소중한 시간이 될 수 있다는 사실을 깨닫게 되었습니다. 이러한 깨달음은 단순한 기쁨을 넘어선 깊은 감동이었으며, 형언할 수 없는 감사함으로 다가왔습니다.

코칭을 통해 우리는 누군가의 삶에 작지만 의미 있는 변화를 이끌어낼 수 있었고, 그 과정에서 오히려 우리 자신이 더 큰 깨달음을 얻는 놀라운 경험을 하게 되었습니다. 이 책은 우리가 경험한 모든 순간들-현장에서의 도전과 실패, 은퇴 후의 새로운 가능성 모색, 코칭을 통해 얻은 성장과 감동-을 진솔하게 담아내고 있습니다.

코치로서의 여정을 시작할 수 있었던 것은 많은 분들의 아낌없는 지원과 격려가 있었기에 가능했습니다. 코칭의 첫걸음부터 독립적인 코치로 성장할 수 있도록 퇴임임원을 위한 코칭 프로그램을 기획하고 전폭적인 지원을 아끼지 않으신 SK Academy와 SK Honors Lounge의 임직원 분들께 깊은 감사를 드립니다. 이분들의 지원과 응원이 없었다면, 우리는 코칭이라는 새로운 길을 시작조차 할 수 없었을 것입니다.

코칭 여정 내내 함께하며 서로를 격려하고 용기와 도움을 나누었던 SK 코칭위원님들, 그리고 "코칭과 사람들"의 동료 코치님들께도 진심 어린 감사를 전합니다. 여러분 덕분에 우리의 여정은 더욱 풍성하고 의미 있는 시간이 되었습니다.

특히, 코치로서 아직 부족한 점이 많았음에도 기꺼이 고객이 되어 주신 많은 리더님들께 깊은 감사를 드립니다. 리더분들과의 코칭 세션을 통해 우리는 단순한 코칭 경험을 넘어, 다양한 통찰을 얻고 코치로서 한 단계 더 성장할 수 있었습니다. 여러분과 함께한 소중한 시간들은 이 책을 출간하는 데 중요한 밑거름이 되었습니다.

이 책이 코치로서의 여정을 시작하려는 분들, 퇴임 후 제2의 삶을 고민하시는 분들, 그리고 회사나 조직에서 리더로 활동하시는 분들께 의미 있는 길잡이가 되기를 희망합니다. 독자 여러분이 이 책을 통해 자신만의 답을 찾아가는 여정을 시작하고, 그 과정에서 우리가 경험했던 성장의 기쁨과 진정한 연결의 가치가 여러분께도 전달되기를 진심으로 기대합니다.

함께 걸어온 길을 나누며, 여섯 명의 작가가

추천사

퇴임 후 새로운 도전에 나서며 코칭위원이라는 2nd Career를 선택하신 코치님들께 깊은 존경과 감사의 마음을 전합니다. 익숙했던 자리에서 벗어나 새로운 분야에 도전하며, 전문 코치로 성장하기 위해 끊임없이 노력하고 열정을 다하신 모습은 많은 이들에게 귀감이 됩니다. 특히, 코칭을 배우고 실천하며 겪으셨을 여러 과정들을 꿋꿋이 헤쳐 나오신 여러분의 결단력과 헌신에 진심으로 감동합니다.

이번에 출간된 이 책은 그런 여러분의 여정이 담긴 귀중한 결실이라 생각합니다. 이 책을 통해 코치로서의 여정에서 얻은 통찰과 감동이 세상에 공유되기를 기대합니다. 더불어, 여러분이 SK의 임원으로서 쌓아온 경험과 역량을 코칭을 통해 조직과 사회에 환원하며 보여주신 헌신에도 깊은 감사의 뜻을 전합니다. 내부 구성원의 역량 개발을 위해 아낌없이 나눠주신 노력, 그리고 외부적으로 SK가 지향하는 사회적 가치 창출에 기여해 주신 덕분에, SK는 선한 기업 이미지와 더불어 긍정적인 사회적 영향을 만들어낼 수 있었습니다.

특히, 코칭을 통해 변화하고 성장한 리더들로부터 들려오는 긍정적인 피드백은 SK Academy 원장으로서 무척 큰 기쁨이었습니다. 여러분이 코칭 세션을 통해 보여주신 따뜻한 경청, 진심 어린 질문, 그리고 함께 성장하려는 자세가 리더들에게 깊은 울림과 실질적인 변화를 안겨주었음을 확인할 수 있었습니다. 이 책이 그동안 여러분이 코칭을 통해 쌓아온 소중한 경험과 통찰을 더 많은 사람들에게 전하며, 조직의 발전과 개인의 성장을 동시에 이끌어내는 데 큰 기여를 하리라 믿습니다.

코칭은 단순한 대화가 아닌, 사람의 잠재력을 일깨우고 더 나은 내일을 향해 나아가게 하는 강력한 도구인 것 같습니다. 여러분이 이러한 코칭의 본질을 몸소 실천하며, 조직의 발전뿐만 아니라 개인의 행복에도 이바지하신 점에 깊이 감사드립니다. 또한, 이 여정에서 보여주신 열정과 헌신이 앞으로도 개인과 조직, 나아가 사회 전체에 긍정적인 영향을 줄 것임을 확신합니다.

앞으로도 코칭위원으로서 개인의 행복을 넘어 사회에 큰 울림을 줄 수 있는 길을 걸어가시길 진심으로 응원합니다. 여러분의 여정이 계속해서 발전하고 더 많은 이들에게 영감을 주기를 바라며, 이 책이 여러분의 노력과 열정이 세상에 전달되는 중요한 시작점이 되기를 바랍니다.

첫번째 책 발간을 진심으로 축하드립니다.

SK Academy 임규남 원장

추천사

　　반가운 소식을 들었습니다! 30여 년간 몸담아 온 회사를 퇴임한 후, 오랜 시간 주변과 사회로부터 받아온 은혜를 갚고자 새로운 2nd Life를 시작한 6명의 코치들이 그동안의 코칭 경험과 지혜를 한데 모아 책을 출간하게 되었다는 소식을 들었습니다. 이를 진심으로 기뻐하며, 한편으로는 이러한 귀한 자산이 이 세상에 나오게 되어 다행이라는 생각이 들었습니다.

　기쁨의 이유는 명확합니다. 최근 코칭 관련 책들이 많이 출간되고 있지만, 이번 책은 특히 보기 드문 의미와 가치를 지니고 있습니다. 대기업, 그중에서도 SK그룹의 임원으로 경력을 쌓은 분들이 4년에 걸쳐 코칭을 해 오면서 겪은 노력과 열정을 쏟아 만든 결과물이라는 점에서 더욱 특별합니다. 이 책은 미래의 코치가 되고자 하는 분들뿐만 아니라 코칭을 경험하고 싶어도 기회가 없었던 많은 분들에게도 큰 선물이 될 것이라 믿습니다.

　또한 이번 책의 출간이 특히 반가운 이유는 현재 변화하는 사회적 흐름과 깊이 맞닿아 있기 때문입니다. 사회가 다원화되고 각 영역이 고유한 가치와 차별성을 내세우며 주류로 등장하는 시대에, 전통적인 가치관과 교육방식만으로는 사회적 합의와 질서를 유지하기가 어려워지고 있습니다. 오히려 이러한 방식이 갈등과 분열을 초래하기도 하지요. 이 가운데 MZ세대가 시대를 대표하는 주류로 부상하면서, 우리는 이러한 변화와 도전을 실질적으로 경험하고 있습니다.

이런 시점에서 코칭은 개인의 다름을 인정하고, 개별적 접근을 통해 개인의 신념과 가치를 존중하며, 인간을 전인적으로 바라보는 철학을 제시합니다. 특히 풍부한 경험과 통찰력을 지닌 코치들이 이러한 코칭 철학을 책으로 엮어낸 것은 코칭 생태계는 물론, 사회 전반에 큰 기여를 할 것이라 확신합니다.

"다시 살 수 있다면?"

살면서 한 번쯤 이런 생각을 해보신 적이 있으실 겁니다.

'다시 시작할 수 있다면 더 나은 삶을 살 수 있었을 텐데…'라는 아쉬움 말입니다. 하지만 미래에 후회하지 않도록 지금 우리가 선택할 수 있는 길이 있다면 어떨까요? 마치 인생을 다시 사는 것과 같은 효과를 가져다줄 방법이 있다면, 누구나 귀를 기울일 것입니다. 이 책에는 코칭이 우리의 삶을 어떻게 바꿀 수 있는지에 대한 귀중한 해답이 담겨 있습니다. 코치가 되고자 하는 분들과 현재 활동 중인 코치 모두에게 공감과 실질적인 도움을 줄 내용으로 가득 차 있습니다. 함께 읽고 이야기를 나눈다면, 코칭 여정의 든든한 동반자가 될 것이라 확신합니다.

2025년, 을사년 푸른 뱀의 해에 세상에 나온 이 책이 많은 이들에게 읽히기를 바랍니다. 독자들이 함께 생각을 나누고 선한 영향력을 주고받아, 이 사회가 더 행복으로 가득 차게 되기를 진심으로 소망합니다.

(주) 코칭과 사람들

대표이사 이형채

차례

Part 3 엔지니어에서 CEO까지, 꿈을 가진 리더를 위한 코칭

Part 4 실전 코칭 사례로 알아보는 리더의 덕목

Part 5 코칭의 진실과 의미

Part 6 산소가 되어 고객을 타오르게 하는 "코칭"이고 싶다

Part 1

리더와 코치

지은이 고정연

SK E&S 계열사에서 경영지원본부장, 대표이사 등을 역임하며 30여 년간 근무한 후 코치의 길에 뛰어들었다. 현재는 조직의 팀장, 임원의 리더십 발휘와 성장을 돕는 비즈니스 코치로 활동하며, HR 및 조직문화 분야에 깊은 관심을 두고 있다. 국립부경대 경영학부 겸임교수로서 경영전략론과 인적자원관리론 등의 강의와 코칭을 진행하고 있다. 또한 오랜 HR 경험을 바탕으로 부산지방 노동위원회에서 심판/조정 사건을 처리하고 있으며, 한국경영인증원(KMR) 전문위원 및 공정채용 심사원 역할도 함께 수행하고 있다. 코칭과 여타 전문 분야(고충처리, 협상/중재 등)의 융합적 해석과 적용에 관심을 가지고 있으며, 코칭 프로그램 개발을 통한 전문코치 육성, 코칭연구 및 저술 활동을 통해 한국 코칭 문화의 발전에 기여하고자 노력하고 있다.

내 삶의 원동력

누구에게나 자신의 삶을 이끄는 원동력이 있을 것이고, 각자에게서 서로 다른 모습으로 나타날 것이다. 어떤 사람에겐 일의 성취가 에너지의 원천이 될 수 있고, 다른 이에게는 사랑이 어둠을 밝히는 불꽃일 수 있다. 하지만 이 모든 원동력의 핵심에는 개인적 가치와 감정이 자리 잡고 있다. 우리는 종종 이러한 원동력을 의식하지 못할 때도 있지만 실제로는 우리의 일상과 결정에 지대한 영향을 미치는 요소일 것이다.

코치인 우리는 클라이언트를 만날 때 그가 중요하게 생각하는 가치나 신념이 무엇인지, 그 가치와 신념, 철학이 어떤 형태로 그에게 영향을 미치는지 등을 궁금해하고 물어보고 알아내려고 한다. 클라이언트에게 물어보던 질문을 나 스스로에게 던져 보았다.

내가 중요하게 생각하는 것들은 무엇인가? 그것들이 내 삶에 어떤 힘이 되고, 어떻게 작용하고 있는가?

진정성의 힘

진정성은 인간관계의 바탕을 이루며, 사람들과의 진실한 교류를 가능하게 한다. 예를 들어, 일론 머스크는 자신의 사업 프로젝트에 대해 놀라울 정도로 투명하게 정보를 공유하면서도, 실패를 두려워하지 않는 자세를 보여 주었다. 이러한 진정성은 전 세계 많은 사람으로부터 강력한 신뢰와 지지를 이끌어내는 원천이 되었다.

진정성이 있는 사람은 남들에게 신뢰감을 주며, 어떠한 상황에서도 자신의 가치와 신념을 지키려고 한다. 진정성 있는 태도는 대인 관계뿐만 아니라 직업적인 면에서도 긍정적인 결과를 가져올 수 있다.

또한 진실한 자세로 임하려고 노력하는 것이 우리의 내면을 충실하게 만들 뿐만 아니라, 스스로에게도 자부심을 느끼게 한다.

진정성을 갖추려고 노력은 하지만, 완벽하게 진정성을 유지하는 것이 언제나 가능한 일은 아니다. 하지만 노력하고 있다는 그 자체가 마음에 평안과 만족을 가져다 주며, 삶을 더 충만하게 만든다. 물론, 가끔은 다른 사람들이 진정성을 의심하거나 인정하지 않을 때 화가 나기도 하고, 도대체 저 사람은 왜 나의 진정성을 믿어주지 않는가 의아해하기도 한다. 그럴 때마다 나는 내가 왜 진정성을 중시하는지, 그리고 그것이 내게 얼마나 중요한지를 다시 한번 되새기게 된다.

그런데, 이 진정성이라는 키워드를 나 스스로 나를 규정짓는 단어로

리더에서 코치로 ───────

떠올린 것은 아니다. 진정성을 발견하고 나의 특징으로 알려 준 이는 코치 입문 시절의 멘토 코치이다. 지금도 존경하고 따르는 분이지만, 자격 취득을 위해 의무적으로 가져야 하는 멘토 코칭 세션에서 그분은 진정성을 가지고 나를 대하였고, 나의 이야기를 주의 깊게 듣고 떠오른 단어가 '진정성'이라는 말을 해주었을 때 나는 "오, 그럴 수도 있겠는데"라는 생각을 했다. 그렇게 발견한 것이 진정성이고, 점차 나를 나타내는 표상이라 생각하고 삶의 원동력이라고까지 여기게 되었으니, 코칭이 고맙고, 멘토 코치님도 고맙고 감사할 따름이다.

관계의 힘

소통은 인간관계를 유지하고 발전시키는 데 필수적이다. 활발한 소통은 이해와 공감을 증진시키며, 갈등을 해결하는 데에도 중요한 역할을 한다.

잘 알려진 사례로, 오프라 윈프리는 그녀의 토크쇼에서 소통의 중요성을 강조하며, 다양한 배경을 가진 사람들과 깊이 있는 대화를 통해 전 세계 수백만 명의 시청자와 공감대를 형성했다. 이러한 소통의 힘을 여러분은 어떻게 경험하고 있는지 궁금하다.

관계를 잘하는 사람은 다양한 관점을 이해하고, 자신의 의견을 효과적으로 전달할 수 있다. 또한, 타인과의 교류를 통해 새로운 아이디어와 영감을 얻을 수 있으며, 이를 통해 개인적인 성장에도 도움을 받을 수 있을 것이다.

오랜 시간 동안 나는 스스로를 사람들과 교류하는 것을 별로 좋아하지 않는 사람이라고 생각했다. 그러나 최근 실시한 버크만 진단을 통해 그 생각이 잘못되었음을 깨달았다. 버크만 맵에 나타난 나의 흥미(별)는 초록색에 있고, 이 위치의 사람들은 일반적으로 사람 중심적인 활동을 매우 좋아한다고 한다. 내 별의 위치에 의하면 나는 판매 또는 홍보, 사람들 지도하기, 사람들에게 동기 부여하기, 사람들 간의 합의 도출하기, 설득, 조언 또는 가르치기 등을 좋아한다고 되어 있다.

실제로 나는 사람들과의 교류 자체를 싫어하는 것은 아니었다. 실상은 많은 사람들과 긴 시간 동안 어울리면 에너지가 소진된다고 느끼고 실제로 그러했다는 데 있었다. 이러한 자각은 나에게 큰 울림을 주었고, 이제 나는 너무 많은 사람보다는 몇몇 사람들과 좀 더 깊고 의미 있는 관계를 맺으려고 노력하고 있다.

이런 방식으로 소통하면서 나는 에너지의 손실을 막고 진정으로 필요한 에너지를 얻으며, 사람들과 더욱 풍요로운 관계를 구축할 수 있음을 발견했다. 지금 내가 주로 하고 있고 즐겨 하고 있는 코칭이나 학교에서 강의 등도 알고 보니 다 이런 식의 활동이 아닌가!

놀라운 일이다.

전진하는 힘

목표를 설정하고 이를 향해 꾸준히 나아가는 것은 삶의 질을 향상시키는 중요한 요소이다. 새로운 도전은 우리를 성장시키며, 자신감을 불러일으킨다. 엄청나게 큰 실패를 겪은 적이 있었지만, 그 실패는 오히려 나를 웬만한 어려움은 어려움으로 여기지 않는 굳은살이 배기게 해주었고, 크나큰 고난이 닥쳐와도 이겨낼 수 있을 것이라는 강인한 정신력을 심어주고 단련시키는 계기가 되었다. 이와 같이 목표를 향해 나아가는 과정에서 겪는 실패와 성공은 모두 가치 있는 경험으로, 우리를 더욱 단단하게 만든다.

조직의 리더로서 나는 실패의 필요성과 중요성을 항상 강조해 왔다. 이를 실천하기 위해, '실패상'을 제정하여 의미 있는 실패, 교훈적인 실패를 경험한 구성원들을 격려하기도 했다(아마 구성원들은 나를 100% 이해하지 못했을지도 모르겠다). 이런 접근으로, 전 구성원은 아니지만 일부 구성원들이 실패를 두려워하지 않고 도전적인 목표를 설정하도록 동기를 부여하는데 이바지했다고 믿는다.

전진하는 힘은 미래에 대한 희망을 키우고, 삶을 더욱 의미 있게 만든다. 이러한 지속적인 전진과 실패를 통한 학습은 나에게 중요하고 의미 있는 삶의 교훈이 되고 있고, 한 자리에 머무르는 것을 싫어하는 사람으로 만들었다. 심지어 나는 집조차도 한 곳에서 오래 거주하는 것을 싫어

해서 주기적으로 집을 옮겨 다니곤 한다. 91년에 결혼하면서 집을 마련한 후 33년이 지난 현재까지 집을 옮긴 걸 따져보니 5번이다. 6년~7년 사이에는 한 번씩 집을 옮긴 셈이다.

공간의 힘

여러분은 혹 '퀘렌시아'(*Querencia*)라는 단어를 들어보셨는지 궁금하다. 스페인어인데 원래 투우장에서 싸우는 소가 위협을 느낄 때 향하는 안식의 장소를 가리킨다. 소에게 안전과 힘을 주며, 위기의 순간에 잠시 숨을 고르고 다시 힘을 모을 수 있는 곳이다. 퀘렌시아는 소에게는 보호와 회복의 공간이며, 자신감을 회복할 수 있는 곳이다.

우리 모두의 삶 속에서도, 각자의 퀘렌시아, 즉 정신적, 감정적, 심지어 신체적으로 회복하고 재충전할 수 있는 '피난처'가 필요하다. 이는 혼란스럽고 요구가 많은 현대 사회에서 우리 자신을 지키고, 스트레스와 압박감에서 벗어나 내면의 평화를 찾을 수 있는 개인적 공간이다.

예를 들어, 명상을 위한 조용한 방, 책을 읽으며 사색에 잠길 수 있는 아늑한 서재, 가족과 함께 시간을 보내는 따뜻한 거실, 또는 자연을 느낄 수 있는 조용한 정원 등이 개인의 퀘렌시아가 될 수 있다. 이러한 공간들은 우리에게 안정감을 주고, 자신을 돌아보며, 일상의 번잡함에서 벗어나 균형과 조화를 찾는 데 중요한 역할을 한다.

그뿐만 아니라, 이러한 공간은 창의력과 영감을 불어넣어 주는 원천이 되기도 한다. 단순한 휴식 공간이 아니라, 새로운 아이디어와 해결책이 탄생하는 창의적인 환경이 될 수 있다. 우리가 직면한 문제에 대한 답을 찾고, 삶의 다양한 도전에 효과적으로 대응하기 위해서는 이러한 개인적 공간에서 충분한 시간을 보내는 것이 중요하다.

나에게 퀘렌시아는 어디일까? 나는 서재 겸용 나만의 방에서 혼자만의 시간을 보내는 것을 매우 중요하게 생각한다. 아침에 이곳에서 커피를 마시며 책을 읽거나 오늘 할 일과 내일 할 일을 계획하며, 상상의 나래를 펼치는 것은 내 정신적 건강에 필수적이다. 또한, 목욕탕은 내가 매우 좋아하는 또 다른 공간이다. 몸을 청결하게 하는 것도 필요하지만, 반신욕을 하며 상념에 빠지거나 사우나에서 땀을 흘리며 이것저것 생각하는 시간은 너무나 소중하다.

나만의 공간이나 내가 좋아하는 공간에서의 이러한 활동들은 스트레스를 관리하고 정신적으로 재충전하는 데 매우 필요하다. 신체적으로는 물론, 정신적으로도 정화되는 기분을 느끼며, 특히 사우나 같은 휴식 공간은 신체적으로도 정신적으로도 내게는 치유의 공간이라 할 만하고 이런 개인적인 공간에서의 시간은 궁극적으로 내 삶의 질을 향상시키는 중요한 요소이다.

진정성, 관계, 전진, 공간이라는 요소들은 각기 다른 방식으로 내 삶을 유의미하게 만들고 있다. 이 원동력은 내가 매일 마주하는 소소하거나 또는 거대한 도전들을 극복하게 하거나, 내 삶을 보다 풍요롭고 의미 있게 만드는 데 도움을 준다. 여러분의 삶에는 어떤 원동력이 있는가? 클라이언트에게 던지는 질문을 오늘은 나 자신에게 던져 보자. 그리하여 각자의 삶에서 원동력을 발견하고, 이를 통해 자신만의 가치와 만족을 찾아내자.

코치에게 묻는다, 공감과 동감의 차이

한국인은 소통할 때 공감과 동감을 구분하지 않고 동일시하기 때문에, 공감조차 두려워하는 모습이 나타난다고 한다. 무슨 뜻일까? 내가 공감한다고 표현하는 순간, 상대가 자신의 말에 동의했다고 착각할까 봐 공감하는 모습을 드러내지 못한다는 것이다. 바로 우리의 모습일 수도 있겠다는 생각이 든다. 나의 이야기에 상대가 공감하는 모습을 보여 주면서도 결정이나 최종 판단을 할 때는 다른 시그널을 보내는 사람을 보고 겉과 속이 다르다는 생각을 한 적은 없는가?

일상에서의 공감과 코칭 장면에서의 공감은 달리 해석될 여지도 있을 것 같지만, 코칭의 경우 공감이 "상대방의 감정이나 행동을 판단하지 않고 받아들임으로써 코치와 고객 간 연결감과 신뢰를 형성"하는 데 도움을 준다는 점은 분명하다.

코치로서 "나의 말과 행동에 공감하는 코치를 만나 깊은 위로와 안도감을 느꼈다.", "자신이 없었는데 코치의 이해와 공감 어린 말을 듣고 자신감이 어느 정도 회복되었다."라는 등의 말을 들어본 적이 있을 것이다. 그런데, 공감과 표현도 발음도 비슷한 동감이 있다. 공감과 동감의 차이는 무엇일까, 코칭에서 이 둘의 구분은 왜 필요할까?

공감과 동감의 정의

우선 공감이란, 칼 로저스에 따르면, 다른 사람의 내면적 경험을, 마치 그것이 자신의 것처럼 이해하고, 그 사람의 감정과 생각을 평가나 해석 없이 수용하는 능력이다. 공감적 이해는 고객이 자신의 감정과 생각을 더 깊이 탐색하고, 문제를 스스로 해결할 수 있는 힘을 갖게 하는 데 중요한 역할을 한다.

또한, 공감은 인간관계에서 신뢰와 연결성을 증진시키는 핵심 요소로 작용한다. 코칭 장면에서 코치와 고객이 느끼는 연결감과 유대감, 그리고 안전함은 매우 중요하다. 코치와 고객의 관계가 코칭 파워를 만들어 내기 때문이다. "코칭의 파워는 코치에게서 나오는 것이 아니라 코칭 관계로부터 나오는 것이다. 고객은 코칭 관계 때문에 임파워되어 스스로 선택하고 삶을 주도하게 된다."(코액티브 코칭)

반면, 동감은 타인의 어려움이나 고통에 대한 연민이나 애정을 느끼는 것을 말한다. 로저스는 동감이 상대방에 대한 일종의 안타까움이나 불쌍히 여김을 포함할 수 있으며, 이는 때로 상대방을 더 약한 위치에 놓이게 하거나 희생자로 보는 태도를 낳을 수 있다고 지적했다.

코칭이 고객과 함께하는 수평적 파트너십이라는 점을 생각한다면 필요한 것은 공감이며, 동감하지 않도록 유의해야 한다는 것을 알 수 있다. 동감은 필요할 때 위로와 지지를 제공할 수 있지만, 과도하게 사용되면 상대방의 자율성을 저해할 수 있기 때문이다.

공감과 동감의 균형

공감이란 것이 감정과 밀접히 관련되어 있어 그런 측면에서 살펴보면, "감정은 사람과 사람을 연결하게 해주는 힘을 가지고 있지만 공감하기 위해서는 상대와 어느 정도 거리를 유지할 수 있어야 한다. 그런 면에서 공감은 동감과 구별된다. 동감은 상대와 거의 밀착된 상태여서 함께 허우적거리는 격이다. 상대가 슬프면 나도 슬프고 상대의 슬픈 대상이 나의 슬픔이 된다. 하지만 공감은 슬퍼하는 상대를 바라보면서 나도 유사한 감정의 에너지를 느끼는 것이다. 상대의 에너지와 나의 에너지의 주파수를 맞춘다고 생각하면 된다."(*CiT코칭연구소, 3Cs II Plus*).

코치와 고객 간 에너지의 주파수를 맞춘다는 것은 같은 방향으로 가되 밸런스를 유지해야 한다는 것으로 해석된다. 상대가 에너지 주파수를 올린다고 공감하기 위해 같이 에너지를 올린다면 밸런스를 맞추기 어렵게 되고, 상대가 에너지 주파수를 올리는데 코치가 반대 방향으로 주파수를 내리게 된다면 이 경우도 밸런스가 흔들리기 때문이다.

공감의 핵심 요소

공감과 동감의 차이점에 대해 살펴보았는데, "고객에게 집중하고 관찰하며 공감하고 적절하게 반응하는 것을 유지한다."(*ICF 핵심역량 5.1*)라는 부분에 공감의 핵심적인 내용이 담겨 있다는 생각이다.

우선 코치는 고객이 제기한 어젠더(*what*)와 더불어 그 어젠더를 가지고 있고, 어젠더를 제기하고 있는, 어젠더 뒤편의 사람(*who*)을 볼 수 있어야 한다. "코치가 문제에 초점을 맞추면 문제해결에 집중하느라 고객에게 온전히 공감하고 반응할 수 없다. 반대로 고객에게 초점을 맞추면 고객의 마음에 공감하고 반응하게 된다. 본질적으로 공감적 대화의 과녁은 언제나 '존재 자체'이기 때문이다." (*코칭핵심역량, 박창규 외*).

공감의 가장 핵심적인 부분이 아닐 수 없다. 문제보다는 문제를 해결하고 싶은 사람에게 좀 더 집중하면서 호기심을 가지게 된다면 자연스럽게 공감적 대화가 가능하게 될 것이다. 문제에 더욱 집중하게 된다면 고객은 문제해결에 도움을 받을 수 있을지언정 코치가 진정으로 나에 대해 공감해 주고 있고 고객 자신이 온전히 공감받고 있다는 느낌을 받기는 어렵다.

다음으로 필요한 것은 고객을 관찰하는 것이다. 우선 앞서와 같이 고객의 문제가 아니라 고객의 존재 자체를 관찰하는 것이 필요하다. 관찰의 방법으로는 "관찰한다는 것은 고객과 온전히 연결되어 고객과 상호작용하고 있는 상태를 관찰하는 것이다. 온전한 관찰이 이루어지기 위해서는 메타인지를 통해 자신과 고객을 동시에 객체로 바라보며 온전히 연결된 관찰자로 존재해야 한다."(코칭핵심역량, 박창규외).

즉, 고객과의 대화시 코치이지만, 자신을 코치/고객과는 분리된 제3의 관찰자로 설정하고, 자신에게서 빠져나와 자신과 상황(코칭 관계)을 객관적으로 바라볼 수 있어야 한다. 객관적으로 바라볼 수 있어야 객관적으로 평가하고 고객에게 필요한 지원을 제공할 수 있게 된다.

코치가 고객을 관찰할 때 말뿐만 아니라 비언어적 신호(표정, 몸짓, 음성의 높낮이)에도 주의를 기울여야 한다. 이렇게 함으로써 고객의 생각과 감정을 보다 깊이 이해할 수 있다. 미국의 문화인류학자 에드워드 홀은 『문맥의 문화』(The Silent Language)에서 비언어적 의사소통의 중요성을 강조했다. 홀은 말의 내용뿐만 아니라 몸짓, 표정, 눈빛 등 비언어적 신호가 전체 메시지의 의미를 형성하는 데 중요한 역할을 한다고 강조하며, 이러한 요소들은 때로는 말보다 더 많은 정보를 전달할 수 있다고 한다.

이 대목에서는 공감이 아니라 동감을, 동의를 보내고 싶어진다. 고객의 눈빛, 눈동자의 움직임, 순간적인 표정 변화, 혼잣말, 손짓, 억양 등을 통해 코치가 알 수 있고, 알아야 하는 것들이 너무나 많음을 우리는 인식하고 있다. 말은 꾸며내거나 돌려서 표현하는 등 마음과 다르게 나타날 수 있지만, 비언어적 신호는 그렇지 않다. 협상이나 심문/조사 분야의 전문가들도 이런 사실을 알고 비언어적 신호를 통해 소통하고 단서를 찾으려는 노력을 부단히 기울인다.

적절하게 반응하기

적절하게 반응한다는 것은 어떤 것일까? 넘치지도 부족하지도 않으면서 균형을 유지하는 것이 필요하다. 앞서 이야기했던 고객과 에너지 주파수를 맞추는 것이 여기에 해당할 것이다.

여기서 우리가 관심을 가져야 할 부분은 공감을 넘어 동감 상태에 이르지 않도록 하는 것이므로 우선은 코치의 반응성을 조절하는 것이 필요하다. 고객의 이야기에 대한 자신의 반응을 조절함으로써, 감정적으로 반응하기보다는 논리적이고 구조적으로 반응하는 것이 필요하고, 피드백할 때 감정적이지 않고, 고객의 성장과 발전을 돕는 데 초점을 맞추는 등 피드백의 중립성을 유지하는 것도 도움이 된다.

그렇다고 소극적인 반응이 되어서도 곤란하다. 적극적으로 반응함으로써 고객이 코치의 진정성과 함께 자신이 이해 받고 있다고 느낄 수 있어야 하고, 이는 자연스럽게 보다 탐색적이고 심층적인 대화로 이어진다. 그 어느 누가 자신을, 자신의 말을 공감해 주지 않는 사람과 진정성 있는 대화를 나누고 싶겠는가.

"인간은 신호(cue)를 읽는 데 매우 익숙합니다. 우리는 대인 관계에 놀라울 정도로 예민하죠. 우리 뇌에는 항상 사람들이 나를 어떻게 생각하는지, 신경 쓰고 걱정하는 부위가 있습니다." 하버드대학교에서 심리적 안전감을 연구하는 에이미 에드먼드슨(Amy Edmondson)의 말이다.

우리는 상대방이 나를 어떻게 생각하고 느끼고 있는지 속된 말로 귀신같이 알아차린다. 특히 언어적 신호는 물론 앞서 말한 비언어적 신호를 통해서 말이다. 언어적 신호도 겉으로 드러나지는 않지만 감추어져 있는, 감추려고 하는 미세한 부분까지도 종종 캐치해 낼 수 있다. 우리가 그러할진대 고객이 그러하지 않을 것이라는 증거나 확신은 어디에서도 찾을 수 없다.

맺음말

코치로서 공감은 하되, 동감 상태가 되지 않으면서 고객에게 더욱 효과적인 지원을 제공할 수 있는 것에 대해 살펴보았다. 공감과 동감 사이에서 균형을 잘 유지하는 것은 코치로서의 전문성을 높이고, 고객의 자기 주도성을 유지하는 데 중요하다는 것을 새삼 느끼게 된다. 하지만 코칭 세션 중에 자신도 모르게 고객의 이야기에 지나치게 몰입하고 있는 나를 발견했을 때는 어떻게 하는 것이 좋을까?

감정적인 측면에서 본다면, 세션 중 고객이 다른 사람과의 갈등에 관해 이야기하면서 감정이 고조되기 시작하면, 코치는 스스로에게 "지금 내 감정은 어떠한가? 나는 이 상황에 너무 몰입하고 있지 않나?"라고 자문해 본다. 자신의 현재 감정 상태를 점검하고, 필요하다면 깊게 숨을 쉬어 감정을 재조정한다. 고객의 감정이 지나치게 높아지거나 격해지는 상태까지 이르게 된다면 고객에게 요청하여 잠시 코칭을 중단하였다가 재개하는 것도 필요하다.

또는 "고객과 거리를 좀 더 두고(의자를 조금 뒤로 뺀다) 몸을 바로 세워서 동감 상태가 되지 않도록 경계의 신호를 코치 스스로에게 주도록 한다."(CiT코칭연구소, 3Cs II Plus).

공감하되 동감하지 말라는 말을 다시 떠올리며, 공감과 동감의 차이에 대해 알아보았지만, 공감과 동감을 명확히 구분하는 것은 여전히 쉽지 않음을 느끼고, 아슬아슬하게 공감과 동감 사이에서 줄을 타고 있는 모습이 문득 떠오르기도 한다.

공감과 동감을 명확히 인식하고 구분하여 코치와 고객 모두가 행복해지는 순간이 빨리 오기를 기대하며 이만 글을 마칠까 한다.

고객의 정체성을 찾아서

고객의 정체성과 스토리

최근 한국코치협회의 인증프로그램을 준비하면서 교재를 작성 중이다. 작업을 하면서 느낀 것은 다른 분야도 그렇겠지만 코칭도 마찬가지로 알아야 할 뿐만 아니라 제대로 알아야 할 것이 많다는 사실이고, 그런 것들이 자꾸 눈에 띈다는 것이다. 그 중의 하나가 코치와 고객의 관계이다. 이 글에서는 코칭 관계의 중심에 있는 신뢰와 안전감의 역할과 고객의 정체성이 코칭 결과에 어떻게 영향을 미치는지 살펴보고자 한다.

코치와 고객과의 관계 : 코칭의 시작점

사실 출발은 고유의 코칭 대화 모델을 만들어보려는 시도였다. GROW 모델을 토대로 새로운 대화 모델을 개발하려 하다 보니 우선 GROW 모델을 살펴보게 되었다. 그 과정에서 GROW 모델의 특징과 장단점을 명확하게 알게 되었고, 많은 코치가 그러했듯이 장점은 살리되 단점은 보완하자는 취지에서 R-GROW 모델을 생각하게 되었다. 여기에서 R은 Relationship을 의미한다. GROW 모델이 가지고 있는 아주 많은 장점에도 불구하고 눈에 띈 부분이 관계성의 부족이었다.

물론 코치와 고객의 관계라는 것이 여러 문헌이나 자료에서 언급되고 있고, 역량으로도 다루어지고 있는 마당에 굳이 대화 모델에 포함해야 할 필요가 있느냐는 생각도 들었다. 그러나, 실제 많은 코칭 대화 모델(5R, SMART 등)이 코치와 고객 간의 신뢰를 대화 모델에 포함하고 있고, 나 또한 신뢰를 코칭의 주요한 요소로 인식하고 있었기에 신뢰 부분을 포함하는 선에서 GROW 모델을 보완하려고 하였다.

그러나, 신뢰를 고민하다 코치와 고객의 관계에 주목하게 되었다. 코칭은 변화의 수단으로서 강한 파워를 가지는데, 코칭 파워가 코치로부터 나오는 것이 아니라 코칭 관계에서 나오는 것이고, 고객은 코칭 관계에 의해 임파워되어 스스로 삶을 주도하게 된다.(코액티브 코칭) 이 내용을 다시 확인하는 순간 '관계'를 대화 모델의 요소에 포함해야 하겠다는 '사명감'을 느끼고, Relation 또는 Relationship으로 할 것인지 단어 선택을 고민하여 최종적으로 Relationship을 선택하였다. 그런데 코칭 관계에는 또 하나의 중요한 요소가 있었으니, 신뢰와 더불어 안전감이었다.

ICF, KCA에서 강조하는 관계에서의 신뢰와 안전감은 다음과 같다.

ICF 핵심역량의 관계 공동 구축하기 중 4. "신뢰와 안전감을 조성한다."

KAC 코칭 역량 중 5. 관계 구축이란 "고객과의 수평적 파트너십을 기반으로 신뢰감과 안전감을 형성하며 고객의 존재를 인정하고 진솔함과 호기심을 유지한다."

결국 관계의 핵심 요소는 '신뢰와 안전감'이다. 코칭 과정에서 코치와 고객 사이에 원만한 관계가 형성되고 지속되기 위해서는 신뢰와 안전감이 필수적이며, 코칭 과정 전체의 토대가 되는 중요한 요소이자 역량이다.

신뢰, 안전감과 정체성

실제 코칭 장면에서 신뢰와 안전감을 조성하기 위한 실행 지침으로 여러 가지가 있지만, 그중에서 주목할 것은 고객의 정체성이다.

ICF 핵심역량 4. "신뢰와 안전감을 조성한다"의 실행 지침

– 고객의 정체성, 환경, 경험, 가치, 신념 등의 맥락 안에서 고객을 이해하려고 노력한다.

– 고객의 정체성, 인식, 스타일, 언어를 존중하고 고객에 맞추어 코칭한다.

ICF 핵심역량 6. "적극적으로 경청한다"의 실행 지침

- 고객이 전달하는 것에 대한 이해를 높이기 위해 고객의 상황, 정체성, 환경, 경험, 가치, 신념을 고려한다.

정체성의 발견

정체성의 구체적인 개념이나 파악 방법에 대해서 자세히 알고 싶었지만 아쉽게도 코칭 관련 도서나 자료에서 찾아보기가 어려웠다. 심리학 분야에서 정체성 문제를 다루고 있고, 특히 서사 정체성이란 개념을 접하고 관심을 두게 되었다. 심리학에서는 인생 이야기를 서사 정체성(*narrative identity*)이라 부른다. 누군가의 인생 이야기가 그 사람의 정체성 그 자체라는 것이다.

댄 맥아담스(*Dan P. McAdams*)의 1995년 논문 "누군가를 알 때 우리는 무엇을 아는가?"는 개인을 이해하는 방식에 관한 것으로, 개인의 성격을 이해하기 위해 세 가지 다른 수준의 분석을 제안했다. 성격적 특질(*traits*)은 개인의 일관된 행동 경향과 정서적 스타일을 말하고, 개인적 적응(*personal adaptations*)은 개인이 자신의 사회적 환경에 어떻게 적응하고 있는지를 다루며, 인생 이야기(*life stories*)는 자아 정체성을 형성하고, 개인의 삶에 의미와 목적을 부여하는 데 중요한 역할을 한다.

"맥아담스는 우리가 누군가를 알 때 무엇을 아는지에 대한 질문을 던졌고, 그에 대한 답으로 세 가지 영역을 제시했다. 하지만 그가 진짜로 하고 싶었던 주장은 이 세 가지 영역이 우리가 우리 자신을 알기 위해 필요한 영역이라는 것이다. 우리 자신이 누구인지 알기 위해서는 성격적 특질과 특정 상황에서 어떻게 행동하는지도 알아야 하지만 그 모든 삶의 영역과 역사를 포괄하며 스스로 만들어가는 인생 이야기를 알아야 한다. 인생 이야기는 현재의 자신이 과거의 자신과 미래의 자신을 이야기를 통해 엮어내는 것이기 때문에 앞으로 자신이 살아갈 방향성을 제시할 수 있고 삶을 밀고 나가는 큰 원동력이 된다."(*박선웅, 나는 누구인가, DBR 2023.8*)

정리해 보면, 코칭 관계의 핵심이 신뢰와 안전감의 형성이고 이를 위해서는 고객의 정체성을 고려하는 것이 필요하다. 인생 이야기(*life stories*)를 통해 고객의 정체성을 파악할 수 있고 인생 이야기가 고객에게는 방향성의 제시와 더불어 삶의 원동력이 된다는 것이다. 따라서, 신뢰와 안전감 조성을 위한 고객 정체성 고려가 고객에게는 궁극적인 삶의 방향성과 원동력을 발견하고 다시금 떠올리게 하는 결과로 이어진다.

정체성 발견의 실제

Executive Coaching에서 고객으로 하여금 생애 최고의 경험을 떠올려 보게 하고, 이를 통해 되고 싶은 리더의 모습을 그려나가는 장면이 오버랩 되며 'Peak Experience'의 힘이 어디서 비롯되는

지, 왜 'Peak Experience'를 토대로 리더의 모습을 정립도록 하게 하는지 그제야 이해하게 되었다.

"나의 고유함은 계속 '나만의 삶'을 살아가도록 진정한 '나'를 중심으로 지속해서 영점 조준(*Recalibration*)하고 있었다. 더 건강하게 나의 고유함이 발현되도록 하기 위해서는 "과거에도 잘 살았고, 지금도 잘살고 있고, 앞으로도 잘 살 수 있다."라는 믿음과 자신감이 필요하다. 그렇게 하기 위해서는 잠깐 멈추고 나의 삶을 들여다보아야 한다. 나의 고유함은 진단이 아닌 내 삶에 고스란히 묻어있기 때문이다. 나는 언제 행복한가? 나는 무엇을 할 때 즐겁고 에너지가 올라가는가? 나는 무엇을 하고 싶은가? 그 대답을 자세히 들여다보면 나의 고유함 들이 만들어내는 나만의 무늿결이 보인다."(*박정영, ICF코리아 챕터 칼럼, 2020.2.17.*)

나의 삶에 나의 고유함이 있으므로 코치는 고객의 인생 이야기를 통해 고객이 잠시 멈추고 삶을 들여다보고 스스로의 고유함, 정체성을 볼 수 있도록 해야 한다. 이를 토대로 고객은 과거를 살아왔고 현재를 살아가며 그리고 앞으로 펼쳐질 미래를 살아가는 방향성과 힘을 찾을 수 있을 것이다. 이것이 진정한 '스토리의 힘'이 아닐까?

개인과 조직의 정체성 : 조화로운 통합

개인의 삶뿐만이 아니라 정체성은 조직에도 영

향을 미친다. 박선웅교수는 인생 이야기는 취업과 이직, 리더십, 브랜드 정체성 등 조직의 여러 맥락에서 활용될 수 있고, "관건은 두 이야기를 조화롭게 엮는 것이다. 조직과 구성원이 같은 방향을 바라보고 함께 이야기를 써 나갈 때 그 무엇으로도 대체할 수 없는 강력한 힘이 생겨난다."(앞의 자료)고 하고 있다. 또, 조직에서의 스토리는 연결하게 하고, 세상을 이해할 수 있게 하며, 변화를 만들어 내고 관리할 수 있게 한다.“

(글로벌코칭레터 vol.73. 조직에서 스토리와 감정의 힘1, 2023.5.3.)

스토리를 코칭하라

우리의 가치와 욕구는 우리의 신념과 편견을 형성하고, 이는 우리의 경험과 어우러져 스토리를 만들어낸다. 인간에게 스토리는 중력과 같은 것이다. 우리 주변에 있는 힘의 영역이며 우리의 모든 움직임에 영향을 미친다. 코칭을 더 깊이 있게 하든 그렇지 않든, 코칭은 고객의 상황에 대한 스토리를 듣는 것부터 시작해야 한다. (문제가 아니라 사람에게 주목하라, 마샤 레이놀즈 및 스토리텔링하는 동물, 조너선 갓셜)

고객이 스토리라는 상자의 안은 물론 스토리 밖도 볼 수 있게 하는 과정에서 고객과의 '신뢰와 안정감' 조성이라는 관계 형성은 물론, 궁극적으로는 고객 스스로 자신의 삶을 돌아보고 미래를 향한 방향성과 힘을 얻을 수 있는 결과로 이어지도록 해야 함을 다시금 되새기게 된다. 즉, 코칭 관계 = 신뢰와 안전감 → 고객의 정체성 → 생애 이야기, 스토리 → 삶의 방향성과 원동력 → 고객의 목표 달성으로 도식화해 볼 수 있다. 생애 이야기, 스토리를 통해 고객의 정체성을 알 수 있고 또 고객 스스로도 알 수 있도록 함으로써 고객이 원하고 기대하며 변하려는 모습으로 한 발 더 가까이 다가갈 수 있도록 코치는 지원하고 격려할 수 있게 될 것이다.

코칭에서 관계와 정체성의 중심성

코칭의 핵심적인 요소인 관계성과 고객의 정체성에 대해 살펴보았다. 코칭 관계의 바탕을 이루는 신뢰와 안전감은 고객이 자신의 정체성을 탐색하고 발전시키는 데 필수적인 조건이다. 코칭 과정에서 이 두 가지 요소를 충분히 고려하고 적용함으로써, 고객은 자신의 과거, 현재, 그리고 미래를 연결 짓는 인생의 이야기를 통해 삶의 방향성과 원동력을 발견할 수 있다. 코치는 고객이 자신의 가치와 신념을 명확히 이해하고, 자신만의 독특한 경험과 이야기를 통해 삶의 의미를 찾도록 도와야 한다.

이러한 과정은 단순히 개인 차원을 넘어 조직적 차원에서도 큰 영향을 미친다. 개인의 정체성이 명확할수록, 조직 내에서의 역할과 기여도 또한 더욱 효과적으로 발휘될 수 있다. 코치는 조직의 리더가 이러한 개인적 변화를 조직의 변화와 조화시킬 수 있도록 지원하는 역할(*변화관리 리*

더십)을 할 필요도 있다.

강력하고 의미 있는 코칭 관계는 고객이 자신의 삶을 주도적으로 이해하고, 새로운 가능성을 탐색하며, 목표를 향해 나아갈 수 있도록 하는 원동력을 제공한다. 코치는 지속해서 자신의 코칭 기술과 인식을 개발하고, 고객의 정체성을 중심으로 한 코칭 접근 방식을 실천함으로써 이러한 변화를 성공적으로 끌어내야 한다. 이것이 바로 관계에서 우러나는 코칭의 진정한 힘이다.

코칭의 세계에서 관계는 단순히 세션의 구성 요소가 아닌, 변화와 성장을 가능하게 하는 핵심적인 매개체이다. 이를 통해 코치는 고객이 자신만의 이야기를 재구성하고, 삶의 주인공으로서 자리매김할 수 있도록 돕는다.

취약함을 드러내기, 코치와 리더

취약함이란 무엇일까. 코치와 리더가 취약성을 드러낸다는 것은 어떤 것이며, 어떤 의미가 있을까. 사실 취약성을 드러낸다는 것은 다소 생소한 개념이어서 쉽게 이해하기가 어렵고, 이를 실천하는 것은 더더욱 어렵게 느껴진다.

신임 본부장일 때 상사였던 대표이사의 말씀이 떠오른다. 그 분은 말씀하셨다. "고 본부장, 너무 그렇게 자로 잰 듯이 말하고 행동하지 말고, 때로는 직원들과 어울려 농담도 하고 망가지기도 해라."고 말이다. 대표이사의 말대로 한다면 "직원들은 나를 무시할 것이고, 본부장의 권위는 무너질 것이다"라는 생각이 들었다. 직원들과 조금 더 가까이, 친근하게 대하라는 것 정도로 이해했다. 망가지라니 그 무슨 말씀이냐고 생각했고, 당연히 그렇게 하지 않았다. 지금 돌이켜보면 그분이 고수였다. 리더로서 취약성을 드러낸다는 것이 필요하다는 것을 간파하고 있었고, 부하직원이 그렇지 못하다는 것을 알고 보완해 주려는 의도였다.

코치로서의 모습도 떠오른다. 초보 코치 시절의 나는 완벽히 하려고 애쓰는 코치였다. 실수를 하지 않고, 고객의 알아차림을 불러일으키는 강력한 질문을 하며, 화기애애한 분위기에서 코칭을 마무리하기를 원하였다. 코칭을 통해 많은 것을 얻고, 깨달았다는 소리를 고객에게서 듣기를 원했다. 간혹 실수하여 내가 원하는 나의 모습을 고객에게 보여 주지 못하였거나, 고객이 궁금해하는 내용을 즉석에서 답변하지 못하거나 하면 이불 킥의 순간이 다가오곤 했다. 코칭의 자신감을 잃어버리는 후유증이 남았고 때로는 후유증이 길게 지속되기도 했다. 지금은 나 자신 완벽하지 못하다는 것을 인정하고, 실수도 숨기지 않으려 노력하지만 내가 진정으로 원하는 수준까지는 이르지 못한 것 같아 더욱 정진해야 할 것 같다.

심리적 안전감에 대해 살펴보다가 리더가 취약성을 드러내는 것이 필요하다는 사실을 알게 되었다. 그 순간 코치도 취약성을 드러내는 것이 필요한 역량이라는 사실이 떠올랐다. 그렇다면 진정 취약성이란 무엇이며, 리더와 코치의 취약성 간 관련성은 어떨지 하는 궁금증이 생겼고 그것이 이 글을 쓰게 된 계기이다.

취약성이란 무엇인가

우선 코치의 역량 관점에서 취약성에 대한 언급이 되고 있음을 찾을 수 있다. KCA(한국코치협회)는 역량 중 '관계 구축'의 역량을 "고객과의 수평적 파트너십을 기반으로 신뢰감과 안전감을 형성하며 고객의 존재를 인정하고 진솔함과 호기심을 유지한다"로 정의한다. '진솔함'이란 "코치는 고객에게 자신의 생각, 느낌, 감정, 알지못함, 취약성 등을 솔직하게 드러낸다"는 것이다.(*KCA 코칭 역량 해설*) 고객과의 신뢰와 안전감 형성을 위해서는 라포 형성, 인정, 공감 등이 필요하고, 특히 코치의 알지 못함, 취약성을 솔직하게 드러내야 한다는 것이다.

ICF(국제코칭연맹)에서는 핵심역량 모델의 B. 관계의 공동 구축 중 4. 신뢰와 안전감을 조성한다는 것을 "고객과 함께, 고객이 자유롭게 나눌 수 있는 안전하고 지지적인 환경을 만든다. 상호 존중과 신뢰 관계를 유지한다."로 정의하고 세부 항목으로는 인정, 공감, 지지와 아울러 6. 고객과의 신뢰를 구축하기 위해 인간으로서의 한계를 인정하고 개방성과 투명성을 보여 준다는 것으로 해설한다. (*Demonstrates openness and transparency as a way to display vulnerability and build trust with the client*).

표준국어대사전에서는 취약성을 어떤 것에 민감하거나 약하여 쉽게 부서지거나 영향을 받거나 손상되는 성질로 정의하고 있다. 부정적인 의미가 강하다.

vulnerability는 캠브리지 영어사전에서는 "the quality of being vulnerable (= *able to be easily hurt, influenced, or attacked*), or something that is vulnerable"로 정의한다. 다치거나 상처받거나, 영향, 공격을 받기 쉬운 상태라는 뜻이다. 사전적인 의미로만 본다면 다소 부정적인 의미인

연약함(*weakness*)으로 받아들여질 수 있을 것 같다. 그러나 실제로는 자신의 감정이나 생각을 솔직하게 드러내는 의미로 사용된다. 사용 예는 다음과 같다. "Opening up about one's fears and insecurities is a sign of vulnerability that can strengthen bonds."(*자신의 두려움과 불안을 털어놓는 것은 관계를 강화할 수 있는 취약성의 표시이다.*) 그래서 역량 해설서에서 "개방성과 투명성을 보여 주는 방식으로 인간으로서의 한계를 드러낸다"라고 하는 것도 그런 의미로 받아들여진다.

반면, weakness는 개인의 능력이나 성격에서 부족한 부분을 의미하며, 종종 개선이 필요한 영역으로 인식된다. 사용 예는 다음과 같다. "Her inability to delegate effectively was a weakness that affected her team's productivity."(*효과적으로 업무를 위임하지 못하는 그녀의 능력 부족은 팀의 생산성에 영향을 미치는 약점이었다.*) 취약성의 연구로 유명한 브레네 브라운도 "취약성은 약점이다"는 믿음을 잘못된 믿음이라고 지적하고 있다. (*브레네 브라운, 리더의 용기, 2020.1*)

일반적으로는 vulnerability를 취약성으로 번역하고 있고, 코칭 해설서에서도 '코치의 취약성'을 드러내는 것으로 표현하고 있는 경우도 있다 (*박창규 외, 코칭핵심역량*). ICF Korea에서는 '인간으로서의 한계'로 표현하고 있다. 취약성으로 표현하기에는 불완전한 느낌이고, 인간으로서의 한계는 모호한 느낌이다.

취약성을 집중적으로 연구한 브레네 브라운은 말한다. "취약성의 이

점에도 불구하고 많은 사람들이 취약성을 드러내는 데 어려움을 겪는 이유는 다른 사람에게 진정한 모습을 노출하는 것이 무섭고 불편하기 때문이다. 우리는 취약성을 피하려고 감정을 무감각하게 만들거나, 완벽주의를 방패 삼거나, 모든 것을 다 갖춘 척하는 등 다양한 전술을 사용한다. 취약성을 드러내려면 큰 용기가 필요하다. 자신과 타인에게 정직해야 하고 감정적 위험을 감수해야 한다. 취약성은 우리의 불완전함을 포용하고 다른 사람들과 진정으로 소통할 수 있는 온전한 삶을 사는 데 필요한 요소다."(브레네 브라운, *The Power of Vulnerability, TEDxHouston 강연, 2010*).

진정한 모습의 노출, 정직, 감정적 위험의 감수 등으로 표현하는 브레네 브라운의 설명을 고려하고 코칭과 리더십 측면에 국한하여 본다면, '진솔함'이 vulnerability의 원래 의미에 가장 가까운 것 같다. 자신의 생각, 느낌, 감정과 더불어 때로는 알지 못함, 취약성(좁은 의미의 취약성, 곧 weakness) 등까지도 솔직하게 드러내는 것 말이다.

취약성의 오해 1. 취약함은 속마음을 드러내는 것이다.

한편 자신의 감정이나 속마음을 드러내는 것이 취약함의 일부이기는 하나 '속마음을 드러내는 것 = 취약함'이라는 등식은 성립되기 힘들다. 무조건적인 속마음의 표현이 취약성을 상징하는 것이며, 그것이 곧 신뢰로 이어질 수 있다는 생각은 지나친 것이고 잘못된 것이다. 브레네 브라운은 이를 "우리는 자신의 의도를 명확히 규정하고, 역할과 관계라는 맥락에서 취약성의 한계를 이해하고, 경계를 확실히 설정해야 한다."라고 설명한다(*리더의 용기*). 무조건적인, 있는 그대로의 날 것을 있는 그대로 드러내 보이는 것은 취약성의 특징이 아니다.

　코치로서의 최소한의 권위와 책임은 존중되어야 한다. 코치로서 해야 할 역할과 본분을 충분히 인식한 상태에서 고객과의 신뢰 관계를 도모하기 위한 목적에서 자신의 느낌과 생각, 때로는 두려움과 불안과 실수까지도 드러낼 수 있어야 한다. 그러지 못하고 그저 속마음을 드러낼 목적으로 모든 것을 말하는 것은 바람직하지 않다. "취약성을 위한 취약성은 전혀 효과적이지도 않고 유용하지도 않으며 현명한 행동도 아니다."(*리더의 용기*)

취약성의 오해 2. 취약함보다 신뢰가 먼저다

　　　　　진정한 코칭의 파워는 코칭 관계에서 나온다(*코액티브코칭*). 그러기에 KCA, ICF 공히 관계 구축을 코칭 역량의 한 축으로 인식하고 강조하고 있음은 앞서 본 것과 같다. 코칭 관계의 핵심은 고객과의 '신뢰와 안전감'이다. 인정, 공감, 지지 등도 결국 코치와 고객 간의 신뢰와 안전감을 위한 것이다. 코칭 세션이나 코칭 전체 기간 동안의 인정, 공감, 지지와 더불어 코치의 취약성 드러내기 등이 켜켜이 쌓여 신뢰와 안전감으로 나타나고, 그 결과 코치와 고객 간 공동의 관계가 구축되게 된다.

"신뢰는 영웅적인 행위, 눈에 띄는 행위가 아니라 관심을 보이고 경청하는 행위, 즉 진정한 마음으로 배려하고 관계를 맺는 행위를 통해 얻어지는 것이다. 신뢰와 취약성은 항상 함께 형성된다. 하나라도 배신하면 둘 다 모두가 무너지는 셈이다."(리더의 용기)

심리적 안전감에 대하여

사실 심리적 안전감이라는 개념에 관심을 가지고 살펴본 것이 시작이었다. 심리적 안전감을 이야기하는 데 있어 주요 개념으로 나오는 것이 리더의 취약성이다. 리더가 취약성을 드러내는 것이 구성원들의 심리적 안전감 확보에 필요하다는 것이다. 심리적 안전감(psychological safety)이란, 팀원들이 위험을 감수하고, 자신의 생각과 우려를 표현하고, 질문을 하고, 실수를 인정해도 괜찮다는 공통된 신념 정도로 해석된다. 또는 일과 관련된 발언을 하더라도 처벌, 비난, 조롱받거나 책임을 묻거나 하지 않을 것이라는 믿음이다. 기획서를 작성하거나 아이디어를 제안했을 때 상사로부터 "너는 머리를 장식용으로 달고 다니냐?" 이런 식의 질책을 받게 된다면 상사는 속이 후련할진 몰라도 당사자는 상처받게 되고, 다음엔 그런 소리를 듣지 않기 위해 말을 아끼게 된

리더에서 코치로 ────

다. 동료 간에도 마찬가지다. 기껏 아이디어를 냈더니 "야, 넌 뭐 그런 쓸데없는 소릴 해서 다른 사람 피곤하게 만드냐?"는 이야기를 듣게 된다면 "내가 틀렸으면 어쩌지", "튀는 사람으로 보이지 말자"라는 등의 생각으로 침묵하게 된다.

심리적 안전감의 대두 1. 챌린저 우주왕복선의 폭발

심리적 안전감이 왜 중요하냐고 할 때 우리가 흔히 사례로 드는 것이 1986년 챌린저 우주왕복선 참사이다. 1986.1.28., 미국의 챌린저 우주왕복선이 전문 우주비행사가 아닌 과학 교사까지 태우고 우주로 날아오르다 발사된 지 73초 만에 폭발하여 탑승하고 있던 7명 전원이 사망한 사건이다. 미국은 충격에 사로잡혔고, 폭발 원인은 부스터 로켓에 사용된 O-링 부품의 결함 때문으로 알려졌다. O-링은 저온에서는 경직되어 제 기능을 발휘하지 못할 수도 있다는 결함이 있었다. 엔지니어들은 이야기했지만, 성과를 내고자 서두르는 고위층에 충분히 전달되지 않았고, 그 문제를 강력히 주장할 수 있는 분위기도 아니었다는 것이다. 비극적 사고로 NASA의 쇠락이 시작되는 계기가 되었다.

심리적 안전감의 대두 2. 아리스토텔레스 프로젝트

심리적 안전감이 세간에 알려지게 된 계기는 구

글의 아리스토텔레스 프로젝트이다. 2012년에 시작되어 2년여의 기간 동안 진행되었다. 목표는 구글 내에서 가장 효과적이고 성공적인 팀은 어떤 특성이 있는지를 파악하여, 이를 전체 조직에 적용하기 위한 인사이트로 전환하는 것이었다. 아리스토텔레스 프로젝트에서 나온 가장 중요한 발견은 다음과 같다. 팀의 성공을 결정하는 데 있어 팀원 개개인의 기술, 배경, 위치보다는 팀의 상호작용, 구조, 규범이 더 중요하다. 특히, '심리적 안전감(Psychological Safety)'이라는 개념이 중요한 요소로 드러났다. 구글이 파악한 심리적 안전감은 1) 팀원들이 자신의 생각을 두려움 없이 이야기할 수 있고, 더 좋은 성과를 위하여 위험을 감수해도 괜찮다는 믿음, 2) 자신의 부족한 점을 팀원들과 공유하고 이를 보완할 수 있는 팀워크를 구축해 가는 과정에서 다른 팀원들이 이를 악용하지 않으리라는 믿음이다.

심리적 안전감의 대두 3. 심리적 안전감과 뇌과학

심리적 안전감이 높은 조직이 성과가 높은 과학적인 근거는 뭘까? 최근 뇌과학을 통해 심리적 안전감이 뇌 기능에 미치는 영향을 분석한 결과는 매우 흥미롭다. 뇌의 해마 끝에 붙어 있는 편도체는 위협을 감지하고 공포 반응을 조절하는 역할을 한다. 심리적으로 안전하지 않은 환경에서는 편도체가 과활성화되어 "싸우거나, 도망가거나, 얼어붙는" 반응을 보이게 된다. 즉, 뇌는 생존 모드에 돌입하게 되어 학습과 문제해결에 필요한 인지 기능이 억제된다.

반면 심리적 안전감이 높을 때는 전전두엽 피질과 측좌핵의 영역이 활성화되어 창의성과 혁신, 동기부여와 즐거움이 촉진된다. 옥시토신이라는 호르몬도 분비되는데 '사랑 호르몬'으로 알려진 이 물질은 신뢰와 유대감 형성에 중요한 역할을 한다. 심리적 안전감이 실제 우리 뇌의 기능과 밀접하게 연관되어 있음이 과학적으로 증명되고 있다.

심리적 안전감을 위한 리더의 역할

구성원의 심리적 안전감을 위해서 리더는 어떻게 해야 할까. 코치의 측면에서 본다면, 팀원을 인간 그 자체의 존재로 인정하기, 인정/공감적 경청/열린 질문을 통해 공동의 관계를 구축하기 등의 코칭 리더십을 발휘하는 것이 필요하다. 이렇게 하기 위해서는 많은 시행착오와 실패의 경험이 있어야 하므로 단시일 내 눈에 띄는 효과를 기대하기는 어려울 수 있다.

이 대목에서 리더에게 권장되는 리더십 특성 중의 하나는 리더가 취약성을 드러내는 것이다. 앞서 살펴본 개념을 리더에게 적용해 볼 수 있다.

리더가 드러낼 수 있는 취약성은 이런 것이다. 리더도 두렵고, 실수할 수 있고, 실패하면 괴로운 사람이라는 것을 보여 주는 것이다. 리더가 이런 방식으로 취약성을 드러내면, 구성원들도 서로 도울 수 있다는 연결성과 소속감을 느끼게 될 것이다. "누군가와 진정으로 연결되기 위해서는 서로가 진짜의 모습을 내보여야 한다. 다른 사람들이 나를 어떻게 생각할까를 버리고, 솔직하게 진정한 자아를 드러내는 것이 진정한 연결의 전제 조건이다."(*브레네 브라운, The Power of Vulnerability, TEDxHouston 강연, 2010*). 단, 앞서 보았듯이 리더로서의 책임과 권위의 경계를 넘어서서 속마음을 털어놓지 않도록 유의해야 하는 것이 필요하다.

심리적 안전감을 위한 구성원의 역할

심리적 안전감은 통상 조직 문화로 인식되는 경향이 강하다. 그러기에 이 문제의 최종 책임자, 해결자를 조직 또는 조직의 리더로 인식하는 것이 일반적이다. 과연 조직의 침묵에 개인의 지분은 없는 것일까?

'두려움 없는 조직'의 저자이자 심리적 안전감을 깊이 연구한 하버드대의 에이미 에드먼슨 교수에 따르면, 조직의 구성원이 침묵하는 데는 다음과 같은 이유가 작동한다고 한다.

1) 자신을 괜찮은 사람으로 포장하기 위한 이미지 관리.

2) 무지하거나 무능하거나 주제넘거나 부정적으로 보이지 않기 위한 자기 방어.

즉, 문제 제기를 통해 자발적으로 인간관계의 위험을 감수하는 것보다 침묵을 통해 최소한의 안전을 얻는 것을 선택한다는 것이다. 따라서, 침묵을 통해 최소한의 안전을 추구하려는 개개인의 심리를 파악하고, 이를 뛰어넘어 좀 더 나은, 향상된 심리적 안전이 필요하다는 인식을 공유하는 것이 필요하다. 조직 문화적 측면에서 조직이나 조직의 리더에게 최종 책임을 물을 것이 아니라 조직 구성원의 노력도 같이 합해질 때 더 나은 결과를 얻을 수 있음을 다 같이 인식하는 것이 바람직하다.

VUCA 환경의 돌파구 : 취약성 드러내기

진솔함을 통해 누군가와 신뢰 및 안전감을 형성하기 위해서는 취약성을 드러내는 것이 필요하다. 대상은 고객 또는 구성원이 될 수도 있을 것이고 또 다른 상대방이 될 수도 있다. 결과물은 공동의 관계 구축이다. 주체는 코치와 리더가 우선시되나 고객과 조직 구성원도 동참하게 된다면 더욱 좋을 것이다.

취약성이 연약함은 아니며, 속마음을 털어놓는 것도 아니다. 자신의 감정이나 생각을 진솔하게 드러내는 쪽에 가깝다. 취약성 드러내기를 통해 상대와의 진정한 연결이 이루어진다. 코치와 리더의 취약성 드러내기는 코치와 리더로서 책임과 권위, 권한이 존중되는 선에서 범위 설정이 필요하다. 취약성은 뇌과학으로도 입증된다. 안전하지 못한 환경에서는 인지 기능이 약화하여 긍정적인 결과나 성과를 기대하기 어렵게 된다.

변동성(*Volatility*), 불확실성(*Uncertainty*), 복잡성(*Complexity*), 모호성(*Ambiguity*)의 VUCA 환경에서 요구되는 것은 '창의성'과 '혁신'이다. 이는 안전하다는 믿음의 바탕 위에서 가능하다는 것이 연구 결과와 뇌과학을 통해서도 입증되고 있다.

코치는 취약성을 드러내고 고객인 리더와 신뢰와 안전감이 바탕이 된 공동의 관계를 구축할 수 있다.

리더도 마찬가지다. 리더 스스로도 완벽하지 않고, 실패나 실수하며, 인간적인 고뇌를 한다는 것을 드러내는 것이다. 너무나 완벽하며, 앞에 서면 주눅이 들고, 그리하여 가까이 하기엔 너무나 먼 당신이 리더로서의 모습이 된다면 구성원과의 연결은 포기해야 한다.

VUCA 환경의 돌파구는 취약함을 드러냄으로써 마련될 것이다.

코칭이 조직 문화가 되려면

문화란 무엇인가

문화는 우리에게 매우 익숙한 개념이며, 대부분 그 의미를 잘 이해하고 있다고 생각한다. 하지만 손에 잘 잡히지는 않으며, '포착하기 어려운 주제'이기도 하다. 캠브리지 사전에서는 the way of life, especially the general customs and beliefs 또는 the attitudes, behaviour, opinions, etc. (*of a particulate group of people*)로 정의한다. 혹자는 "문화란 어디서 3개월 이상 일하고 나면 더 이상 신경 쓰지 않고 당연히 받아들이는 것"을 말한다고 설명하고, 중국 속담에 "물고기들이 바다에 대해 제일 잘 모른다"라고도 한다. 문화를 정의하거나 인식하기는 쉽지 않음을 보여 준다.

문화의 강력한 특징 중 하나는 살아 움직인다는 것이다. 최근 에릭 슈미트 전 구글 CEO는 오픈AI와 앤트로픽과 같은 스타트업이 AI 분야에서 구글을 앞서고 있는 이유를 묻는 말에 대해 "구글은 일과 삶의 균형과 더불어 일찍 퇴근하고 재택근무를 하는 것이 (시장 경쟁의) 승리보다 더 중요하다고 결정했다"라고 답변했다. 무엇이 옳고 그름을 떠나 조직 문화는 구성원들이 '일하는 것'과 관련된 태도, 행동, 의견을 결정한다고 본다면, 구글은 조직이 구성원들을 '일하게 하는 방식'이 예전과는 달라졌다는 것이다.

한편, 전략으로 문화를 사용할지, 전략에 따라 문화를 조정할 것인지는 선택할 수 있다. 전략과 문화의 조화 필요성을 주장하는 모델로는 'Organizational Alignment Model'이 있다(그림, Tosti, 2007).

피터 드러커는 "문화는 아침 식사로 전략을 먹는다"라는 말로 전략을 넘어서는 문화의 강력함, 문화에 맞는 전략의 필요함을 강조하고 있기도 하다.

코칭(조직)문화는 무엇일까. 공통된 정의는 없지만, "조직에서의 일과 연결이 코칭 대화와 코칭 접근법(coaching approach)으로 일상화"된 모습으로 나타낼 수 있다. 즉, 1) 의도(intent)는 조직(문화) 변화 또는 조직 개발, 2) 개입(interventions) 수단은 복합적 유형의 코칭(코칭 대화, 리더십과 관리의 코칭적 접근), 3) 결과(outcomes)는 개인/팀/조직의 성과 향상으로 정리된다. 코칭 문화가 "사람과 조직 관리/개발에 기여"함은 많은 연구 결과로 증명되고 있다. 그러기에 앞서 나가는 조직들은 코칭을 조직 변화 및 리더십 개발 전략의 핵심 요소로 우선시하고 있다. 경영 측면에서 조직 변화, 개발 관련한 수많은 기법과 리더십 기법이 존재한다. 그런데 왜 코칭 문화일까.

MISSION / VISION

GOALS

VALUES

PROCESSES

PRACTICES

TASKS

BEHAVIORS

**RESULTS /
OUTCOMES**

The Organizational Alignment Model

왜 코칭 문화인가

코칭 문화의 당위성을 먼저 살펴보자. 우선 떠오르는 대상은 MZ 세대들이다. 그들은 과거의 세대와는 매우 다른 특성을 보인다. 조직에서도 이들을 이해하고 소통하기 위해 고심하고 있다. 리더 코칭 시 '요요요'에 대해 이야기하면 들을 때는 우스워하지만 이내 심각한 표정을 짓곤 한다. 구성원들의 놀라운 질문인 '이걸요, 제가요, 왜요'의 3요가 MZ세대를 특징짓는 한 단면으로 부각되고 있고, 3요 해결법이 MZ 세대와의 소통 방안으로 거론되기도 하지만 이게 전부는 아니다. 스스로 코칭을 요청하고 있고, coaching approach가 유효하며 필요한 세대가 MZ 세대이다. 새로운 세대를 조직에 참여시키고, 유지하려면 조직 내 더 많은 대화와 피드백이 필요하다.

개인적 성장과 행복에 대한 욕구 또한 근래 들어 현저히 강해지고 있다. 매슬로우의 이론을 들먹이지 않더라도 인간은 자신의 커리어와 삶에서 지속적인 성장과 발전을 추구한다. 오늘날은 프로틴 경력(*Protean Career*)의 시대로 불린다. 프로틴 경력이란 심리적 성공을 목표로 삼고 개인이 주도하는 경력개발을 의미한다. 경력 관리의 책임이 조직이 아니라 개인에게 있다. 직장에서의 성공에 국한되지 않고, 인생의 목표를 달성하는 데서 오는 자부심과 성취감인 심리적 성공을 목표로 한다는 것이 특징이다. 코칭이 직장뿐만 아니라 삶 전반에 걸쳐 개인의 강점을 인식하고, 목표를 명확히 하며, 실행 가능한 계획을 수립할 수 있도록 지원하는 데 도움을 줄 수 있다. 개개인성이 강조되는 핵 개인화 시대를 맞아 과거처럼 평균으로 나누고 카테고리화 해서 접근하기 어려운 상황이 현재이기도 하다. 개인 맞춤형 접근법이 바로 코칭이다.

리더의 역할에 대한 기대도 변했다. 권위주의적이고 수직적, 일방통행식의 리더십은 구시대의 유물이 된 지 오래다. 감독자 사고방식은 높은 기준만 요구할 뿐 상대를 지지하거나 존중하지 않으며 부하도 원하지 않는다. 21세기 지식정보화 시대, VUCA로 특징지어지는 것이 현시대이고 시대적 요구는 '창의성'과 '혁신'이다. 수평적, 쌍방향, 인간 존중의 코칭 리더십이 요구되는 이유다. 리더가 두려움과 불확실성을 무기로 삼을 것이 아니라 인정해야 하고, 순응과 통제를 위해 리딩하기 보다는 공유된 목적을 위해 함께 나아가도록 하는 것이 시대적 소명이 되었다. 정리해 보면, 구성원, 특히 MZ 세대와의 소통, 평균 실종과 핵 개인화 대응, 리더십의 역할 변화로 인해 인간 존중과 인간의 무한한 가능성의 철학에 기반한 코칭이 더욱 필요하게 되었다. 코칭이 일반화되고 당연시되는 것이 표준화된 시대이다.

코칭 문화 구축 단계

코칭이 조직 문화로 자리 잡는 과정은 어떻게 진

행되는지에 대해서는 다양한 의견들이 있다. 초기-전술-전략-내재화 단계(코칭 문화의 이해/노력 관점), 전통적-도입-문화 구축-정착 단계(외부/내부 코치, 리더/구성원 관점), knowing-doing-being(변화 관점)의 단계 등으로 분류하는 견해들이 대표적이다. 피터 호킨스는 이를 외부 코칭, 내부 코칭, 리더 코칭, 그리고 팀 코칭과 조직학습을 거쳐 궁극적으로는 성과관리 프로세스와의 연계, 지배적 관리 방식화(조직 내외부)하는 진화적 프로세스를 거치는 것으로 제시한다. 코칭이 여행에 비유되듯, 코칭 문화도 이론적으로는 단계를 나눌 수 있겠으나 계속 진화/발전한다는 프로세스 개념이 당연히 적용될 것이다. 앞서 구글의 사례에서 보았듯이 문화는 살아 움직인다. 문화적인 변화의 과정은 최종적인 종착역이 있는 프로젝트가 아니다. 지속되는 하나의 과정으로 보는 관점이 필요하다.

한편, 토머스 크레인은 '문화적 변화'의 7가지 원칙 중 하나로 '코칭하는 것'을 포함한다. 코칭이 사람과 사람을 이어주고(신뢰 관계), 사람과 과정을(지속적 개선), 사람과 성과를(지속 가능한 결과), 과정과 성과(더 나은 결과)를 이어준다는 것이다. 코칭이 일과 연결의 측면에서 광범위한 역할을 함으로써 문화적 변화가 가능하다는 것으로, 코칭 문화의 당위성을 보여 주고 있다.

'코칭 대화'는 우리가 평소 하는 '일반 대화'와는 다르므로 의도적으로, 지속적인 노력과 시도가 필요하다. 따라서 '코칭 대화'는 공식적인 자리에서, 형식을 갖춰 시작하는 것이 효과적이다. 대화의 효용성 측면에서 본다면 일상적 상황에서의 코칭 대화가 더 나을 수 있다. 하지만 이는 어느 정도 코칭 스킬이 익숙한 경우에 한정된다. 공식적 대화에서 시작하여 일상적 대화로 확장해 나가는 것이 순리이고 바람직하다.

우리나라의 기업들은 규모나 형태, 업종 등에 따라 코칭 프로그램 도입에 다양한 모습을 보인다. 그러나, 조직의 성과관리 프로세스와 연계되거나 조직의 지배적 관리 방식으로 자리매김한 경우는 아직 드물지 않을까 한다. 이 분야에서 앞서가고 있다는 대기업 집단도 외부/내부 코치에 도입, 리더 코칭 교육, 그룹/팀 코칭 시행 등의 단계에 있다. HR프로세스와의 연계나 지배적 사고/관리 방식화한 단계까지는 이르지 못하고 있다(*S, L그룹의 경우*). 중소, 중견기업의 경우는 아직 코칭을 접하지 못한 경우도 상당수이고, 이제 초기 또는 도입 단계에 있는 경우가 대부분이다. 노사발전재단에서 컨설팅과 연계하여 중소기업 CEO 코칭을 시행하고 있고 코칭 성과 또한 탁월한 결과를 보인다. 대기업에 비해 코칭에 대한 인식의 정도가 높지 않은 중소기업의 코칭 문화 확산에 매우 고무적인 일이다.

코칭 문화의 핵심 요소 및 이점

코칭 문화가 '사람과 조직 관리/개발에 기여'함

은 많은 연구 결과로 증명되고 있다. 그러기에 앞서 나가는 조직들은 코칭을 조직 변화 및 리더십 개발 전략의 핵심 요소로 우선시하고 있다. 어떻게 하면 전략보다 강력하고 비전보다 지속적인 속성을 지닌 문화를, 특히 코칭이 일상화된 문화를 만들 수 있을 것인가.

강력한 코칭 문화를 육성하기 위해 가장 필요한 핵심 요소에 대해 ICF(*International Coaching Federation*)와 HCI(*Human Capital Institute*)는 다음의 6가지를 제시한다(2023). ①경영자의 코칭 중요성 인식, ②직원의 코칭 중요성 인식, ③관리자/리더의 코칭 기술 습득, ④코칭 예산, ⑤직원들의 균등한 코칭 기회, ⑥3가지 코칭 방식(내부 코치/외부 코치/코칭 스킬을 갖춘 리더) 등이다. 강력한 코칭 문화의 여섯 가지 요소는, 조직이 코칭 역량을 강화하여 얻을 수 있는 이점을 달성할 수 있도록 하는 성공적인 프레임 워크이자, 실질적인 로드맵 역할을 할 수 있을 것이다.

조직 문화와 리더십 간의 연계성을 고려해 보면, 그중에서 가장 중요한 요소는 경영자의 코칭 중요성 인식, 특히 CEO의 열정적인 지지 내지 솔선수범이다. CEO의 참여는 코칭 조직 문화의 형성을 위해서는 필수적이다. 코칭 프로그램이 CEO와 경영진에서 시작되어 확산하며, 고위 리더들이 롤 모델이 되고 챔피언 역할을 할 때 코칭 문화는 조직에 성공적으로 안착하고 탁월한 결과를 거둘 가능성이 높아진다. 대표적인 사례가 파산 직전의 닛산자동차를 회생시킨 카를로스 곤이다. 그는 자신의 호칭을 '코치'로 명명하고, 2,500명의 관리자에게 코칭 프로그램을 제공한 것은 물론 전 직원을 대상으로 1:1 코칭도 시행했다. 그 결과는 일본 특유의 계층적 문화의 변혁과 취임 1년 만에 사상 최대의 흑자라는 기적이었다. 에릭 슈미트 Google 회장이 2009년 6월 <Fortune>과의 인터뷰에서 "코치를 고용하라(Hire a coach)"를 자신이 받은 생애 최고의 조언으로 얘기한 것은 널리 알려진 사실이다.

코칭 문화 구축을 통해 조직이 거둘 수 있는 현실적인 이점은 무엇일까. 현시대에 걸맞은 강화된 리더십의 구축이 우선적이다. 안전감과 신뢰감의 향상, 풍부한 커뮤니케이션의 촉진, 사람에 대한 존중을 보여 주는 리더 양성도 빼놓을 수 없다. 조직의 리더는 더욱 효과적으로 조직을 이끌 수 있고, 이는 조직의 전반적 성과로 이어진다. 직원의 참여도도 늘어난다. 리더와의 소통, 일상적 대화가 코칭 대화가 되면 가능해지는 일이다. 구성원 간 관계 개선과 팀 기능 향상을 통한 협업과 성과의 향상, 구성원의 감성지능의 향상, 직무 만족도 향상도 당연한 결과이다.

코칭은 변화의 촉매제이다. 무엇보다 변화 관리가 상시화된 지금 코칭을 통한 개인의 행동 변화는 팀, 조직 전체의 변화를 끌어내는 나비효과를 가져온다. 코칭을 통해 구성원들은 일상적 변화관리에 적응할 수 있고, 조직은 변화관리 프로세스를 안정적으로 운영할 수 있게 된다.

다만, 코칭 도입 시 코칭의 성공을 어떻게 정의할 것인지는 다른 문제이며, 자체적으로 고려되어야 한다. 코칭 성공의 글로벌 지표는 앞서와 같은 항목들이 있을 것이며, 정량적으로 ROE/ROI를 측정하기 위한 시도도 계속되고 있다. 다만, 속성상 코칭 문화의 결과가 금전적으로 측정되기가 어려울 수 있다는 점, 코칭 효과 평가 연구는 코칭 실무에 비해 상당히 뒤처져 있다는 점은 고려되어야 한다.

결론

코칭 문화를 만들어 나가려면 왜 해야 하는지, 이유와 목적, 신념을 밝히는 것이 최우선이다. 이후 어떻게 할 것인지, 원하는 결과는 무엇인지와 아울러 현재의 모습을 이해해야 한다. 코칭 문화를 만드는 것은 계획대로, 선형적으로 되지 않을 수 있고, 때론 좌절할 수도 있다. 그러나, 코칭 문화로 얻을 수 있는 결과는 필요한 노력보다 훨씬 크다는 것을 강조하고 싶다.

Part 2

코칭에 대한 바람직한 접근

지은이 권송

행복한 삶을 정의하는 주요 기준 중 하나는 자신의 삶을 주도적으로 살아가는 것이다. 코칭 시간이 다가올 때마다, 나는 고객이 이러한 자신감을 얻을 수 있는 코칭이 되기를 소망한다. 코칭은 고객의 마음속에 이러한 자기 주도적 시스템을 만들어가는 과정이라고 믿는다. 누구나 '특명 아빠의 도전'처럼 자신의 목표를 이룰 수 있다고 믿으며, 기꺼이 그 도전을 시작하도록 이끄는 것이 코칭의 바람직한 방향이라고 생각한다.

코칭을 해서 좋아진 것들

100세 시대를 맞이하는 우리 사회에서는 흥미로운 변화가 일어나고 있다. 60대 이상의 연령층이 보여주는 왕성한 활동력과 적극적인 사회 참여는 이제 더 이상 특별한 현상이 아닌 일상이 되었다. 경제적 자유도가 완벽하지 않더라도, 퇴직 후의 삶에서 이타적 가치를 추구할 수 있는 여유는 많은 이들이 부러워하는 인생의 모습이 되었다.

코로나의 기세가 꺾이지 않던 어느 날, 뜻밖의 제안이 들어왔다. SK그룹의 퇴직 임원 중 코치 양성 대상자로 추천을 받은 것이다. 처음에는 생소했지만, 알고 보니 이미 삼성, LG그룹은 물론 구글을 포함한 미국의 500대 기업에서도 적극적으로 도입하고 있는 혁신적인 리더십 개발 방식이었다. 당시 나의 이해는 다소 단순했다. "경영자들의 고민을 들어주고 해결책을 제시하는 일종의 상담사 역할이겠지"라는 정도였다. 나는 현직에 있으면서 한국 기업들의 현실을 지켜보았다. 대부분의 기업이 고속 성장에 길들여진 수직적 위계질서와 경직된 관료주의 문화를 보여주었다. 이제 성장의 한계에 다다른 기업들은 단순한 성과뿐 아니라 사회적 책임과 미래 가치가 더욱 중요해졌다. 많은 기업이 변화와 혁신을 강조하는 리더십을 내세웠다. 회사 구성원들은 최고 경영층부터 솔선수범하여 자발적인 변화와 혁신을 보여주기를 기대했다.

하지만 현실은 달랐다. 기업들은 자율 복장, 복리후생 확대, 유연근무제 같은 겉모습의 변화에만 치중했다. 이러한 표면적인 변화는 단순히 직원들의 환심을 사기 위한 것처럼 보였고, 이를 지켜보며 안타까움과 갈등을 느꼈던 기억이 아직도 선명하다. 심지어는 직급을 없애고 영어이름 부르기 등까지 웃지 못할 조치를 하는 수준이었다.

구성원들을 내 가족이고 자식으로 생각한다면, 정말 이들이 원하는 건 자아실현이고 다양한 실험적인 도전에 열린 마음, 더 큰 성취감을 가질 수 있는 역량계발 같은 자기 계발이 축적될 수 있는 환경을 더 원한다고 생각한다. 그들에겐 서번트 리더십이 필요했고, 연말 다 끝난 뒤의 성적표 같은 평가가 아닌, 성장에 필요한 그때그때의 피드백을 받기를 원한다고 생각하였다.

코칭은 단순히 경영자를 자문하는 것이 아니었다. 이는 리더들에게 필요한 새로운 리더십을 키워주는 도구였다. 더욱 놀라운 점은 코칭이 가족부터 대통령, 세계적 인물에 이르기까지 누구에게나 도움이 될 수 있는 보편적인 기술이라는 것이다. 마치 동화 속 어린 소녀의 순수한 감동이 모든 이의 마음을 움직이고 영감을 주는 것처럼, 코칭은 어디서든 필요하고 누구나 배우고 발전시킬 수 있는 가치 있는 기술이었다.

한국 기업들은 그동안 산업 근대화를 위해 빠른 추격자(*Fast Follower*) 전략으로만 달려왔다. 하지만 이제는 성숙한 시장과 후발 주자들의 위협에서 벗어나, 새로운 선도 시장을 개척해야 할 때다. 이러한 전환기에 창의적인 기업 문화가 절실히 필요하며, 코칭은 이를 이끌어낼 수 있는 훌륭한 리더십 도구가 될 것이란 확신이 들기 시작했다. 특히 이 기회는 내가 꿈꾸던 사회적 경제 참여 와도 연결될 수 있을 것 같았다. 대기업에서 이미 인정받은 방법이라면, 사회적 기업 리더들을 지원하는 데에도 유용한 도구가 될 수 있을 것이라는 기대가 생겼다.

처음 코칭을 접했을 때의 단순한 이해와 실제 코칭의 본질 사이에는 큰 간극이 있었다. 단순히 조언하거나 해결책을 제시하는 멘토링이나 카운슬링과는 전혀 다른, 더욱 심오한 차원의 활동이었다. 한 시간 정도의 대화 속에서 코치의 존재가 거의 느껴지지 않을 만큼 자연스럽게, 내담자가 스스로 잠재의식에 접근하여 해결책을 찾아내도록 돕는다는 개념은 코칭 관련 교육으로만 접했을 때는 거의 마법과도 같이 느껴졌다.

일상적인 대화에서는 좀처럼 사용하지 않는 강력한 질문들을 배우고 실습하는 과정은 처음에는 매우 어색했다. 상대방에게 불필요한 부담을 주지는 않을까 조심스러웠다. 하지만 이러한 질문들을 반복적으로 사용하면서 놀라운 사실을 발견하게 되었다. 모든 사람은 자신의 더 나은 모습을 갈망하고 있으며, 그들의 잠재된 희망이 구체화하는 순간, 내면에 숨겨진 강점이 자연스럽게 드러난다는 것이다. 더욱 놀라운 것은 이렇게

리더에서 코치로 ——————

스스로 찾아낸 해결책은 그만큼 높은 실행력으로 이어진다는 사실이었다.

인생의 중요한 갈림길에서 우리는 늘 누군가를 찾는다. 결혼이나 이직, 주택 구입, 혹은 관계의 단절과 같은 중대한 결정의 순간에 마음을 털어놓을 수 있는 술친구나 인생 선배를 찾아 나서는 것이다. 그런데 흥미로운 점은, 종종 그 만남이 이루어지기도 전에 답을 찾게 된다는 것이다. 복잡하게 얽힌 생각들을 누군가에게 설명하기 위해 정리하는 과정에서, 문득 스스로에게 맞는 해답이 떠오르는 경험을 하게 된다.

이는 마치 퍼즐을 맞추는 것과도 같다. 흩어져 있던 조각들이 누군가에게 설명하기 위해 정리하는 순간, 저절로 제자리를 찾아가는 것이다. 그리고 이렇게 스스로 찾은 답은 그동안 가슴 속에 쌓여 있던 답답함마저 함께 해소해 준다.

코칭을 배우면서 나는 이런 '정리의 힘'이 얼마나 큰 가치를 지니는지 깨닫게 되었다. 코치로서 내가 얼마나 대단한 해답을 제시하느냐가 중요한 것이 아니었다. 오히려 오랜 세월 함께 자라온 친구처럼, 혹은 진심으로 상대방의 성장을 바라는 선배처럼 그저 함께 있어주는 것. 그것만으로도 누군가에게는 무척 소중한 시간이 될 수 있다는 사실을 알게 된 것이다.

이러한 깨달음은 내게 특별한 의미를 가져와 주었다. 평생 처음으로 나는 진정으로 누군가에게 도움이 되는 존재가 될 수 있다는 확신을 갖게 되었다. 이는 단순한 기쁨을 넘어선 깊은 감동이었으며, 형언할 수 없는 감사함으로 다가왔다.

아마도 많은 코치들이 이와 비슷한 경험을 하지 않았을까? 누군가의 인생에 작지만 의미 있는 변화를 가져다줄 수 있다는 사실. 그리고 그 과정에서 오히려 자신이 더 큰 깨달음을 얻게 된다는 놀라운 경험. 이것이야말로 많은 코치들이 이 길을 걸으며 끊임없이 성장하고자 하는 이유가 아닐까 생각한다.

코칭에 대한 바람직한 접근

행복한 삶을 정의하는 주요 기준 중 하나는 주도적인 삶을 사는 것이다. 타인을 행복하게 하는 삶뿐만 아니라, 스스로가 삶을 주도적으로 이끄는 것은 곧 신념과 의지가 잘 갖춰져 있고 온전히 집중하며 열정을 다할 가치를 추구하는 삶이라 할 수 있다. 삶을 주도적이고 적극적으로 사는 이들을 보면 천성적인 것 같기도 하고, 자신감이 쌓여서 그렇게 보이는 것 같기도 하다. 그런 천성을 가진 이들을 볼 때마다 부러움을 느낀다.

그렇다면 선천적으로 적극성을 타고나지 않은 사람들은 주도권을 놓치고 소극적인 삶을 살 수밖에 없는 것일까? 대개는 타인의 부러운 면모를 보고 자신의 부족함을 채우려 하지만, 이는 쉽지 않은 일이며 그 격차가 좁혀지지 않고 있음을 깨닫게 된다.

나는 여전히 새로운 만남이나 처음 접하는 환경, 낯선 상황에서 극도의 긴장감을 느낀다. 창피하지 않게 좋은 모습을 보이길 바라고, 잘 해내길 간절히 소망하며, 무사히 마무리되어 그 자리를 벗어나 한숨 돌릴 수 있기를 바란다. 이는 나의 천성이며, 아무리 개선하려 해도 늘 한계에 부딛힌다. 그러나 흥미롭게도 같은 상황이 두 번째가 되면 마음이 한결 편안해진다. 특별한 노력이나 방법을 찾지 않아도 마음이 훨씬 가벼워지고, 오히려 즐기려는 마음이 슬그머니 올라온다.

세 번째가 되면 단순히 벗어나려 하지 않고, 적극적으로 상황의 가치를 찾아보게 된다. 즐겁게 임하고 싶은 마음이 생기는 것이다. '한 번만 해보면 별것 아니구나'라는 경험이 쌓이면서 점차 자신감이 커진다. 창피를 당하거나 당황한 모습을 보일까 두려워하지 않게 되는 것이다. 실력보다는 결승전에서 긴장하지 않고 평소 실력을 발휘할 수 있는 경험이 더 좋은 성적으로 이어진다는 것을 잘 알면서도, 모든 일에 당황하지 않고 여유 있고 현명하게 대처하는 것은 여전히 쉽지 않다. 특히 남들보다 부족한 면이 드러날 때는 더욱 움츠러들게 된다. 그럴 때마다 나는 미리 상상하고 준비하면서 가상 체험을 통해 인식을 바꾸려 한다. 첫 번째의 긴장감을 상상 속 경험으로 대체하여 자신감으로 전환하려는 것이다.

이처럼 내 삶을 주도적으로 바꾸게 하는 힘은 바로 자신감으로 무장하는 것이다. 자신감은 선천적 천성이나 경험에서 나올 수 있지만, 그것이 부족한 나는 '무엇이든 가능하다'라는 확신에서 만들어낼 수 있다고 믿는다.

코칭은 자신의 삶을 한 단계 더 나은 방향으로 이끌려는 의지에 자신감을 불어넣는 것이며, 그 의지로 실천하는 과정의 축적과 확신이 더욱 큰 자신감으로 이어지게 하는 과정이라는 생각이 든다.

1997년부터 2005년까지 SBS TV에서 방영된 '특명 아빠의 도전'은 가족을 위한 오락 프로그램으로 당시 상당한 인기를 얻었다. 나는 지금도 이 프로그램을 생생히 기억하고 있으며, 너무나 감동적이고 모든 이에게 희망을 주는 좋은 프로그램이었기에 다시 부활하기를 간절히 바란다. 누구나 전문가 수준의 과제에 도전하여 이뤄내는 기쁨을 경험한다는 것은 시청자들에게 자신감을 심어주는 점에서 매우 가치 있는 방송이었다.

출연이 결정된 아빠에게는 도전 과제가 발표되고 1주일의 시간이 주어진다. 미션 과제를 연습한 다음 스튜디오에서 최종 도전에 나서게 되는데, 단순히 스튜디오의 게임만이 아니라 아버지와 가족이 참여하는 전 과정을 생생하게 보여주었다. 생소한 과제를 맡고 잠을 설치며 연습을 반복하는 아버지와 그를 돕는 가족의 모습, 조금씩 성공에 가까워지는 아버지의 숙련 과정, 아버지의 성취마다 환호하는 가족, 그리고 마침내 '결전의 날' 가족 모두가 스튜디오에 나와 아버지의 성공을 기원하고, 아버지는 성패의 갈림길에서 초조한 심정으로 단 한 번의 시도를 하는 모습이 담겼다.

도전 과제는 카드를 던져 멀리 떨어진 오이를 자르는 것부터 시작해, 악기를 만져본 적 없는 이가 플루트로 동요 한 곡을 실수 없이 완주하는 것 등이었다. 일주일 후 생소한 스튜디오에서 가족과 관객, 카메라 앞에서 단 한 번의 시도로 실수 없이 완수해야 하는 과제였고, 전문가조차 쉽지 않아 보였음에도 성공해 내는 모습 자체가 감동이었다. 한부모 가정을 고려해서인지, 종영 후 부활한 방송에서는 연예인이 그 가족을 위해 대신 도전하는 형식으로 바뀌었다.

프로그램이 방영된 시기는 IMF 사태로 인해 온 나라가, 온 가족이, 대부분 가장이 힘든 시간을 보내던 때였다. 기죽은 아빠들의 기를 살리기 위해 기획된 프로그램이었다. 도전의 날, 도전에 임하는 그 아빠의 마음과 그를 바라보는 아내의 마음, 숨죽여 조바심 내는 아이들의 모습은 지금도 생생하다. 성공했을 때 흘린 눈물은 상품을 얻어서가 아니었을 것이다. 실패해도 온 가족이 아빠를 둘러싸고 위로와 고마움으로 눈물바다가 된 모습을 잊을 수 없다. 지난 일주일간 매일 새벽까지 땀에 흠뻑 젖어 온몸에 파스를 붙이고 해낼 때까지 노력하는 아빠의 모습을 가족들이 너무나 잘 알기에, 그것을 지켜볼 수밖에 없었던 가족의 긴장감이 녹아내리며 흘린 눈물이었을 것이다.

나는 나를 포함해 지금 어딘가를 걷고 있는 그 누구도 무언가에 달인이 될 수 있다고 믿는다. 절대적인 가족의 응원을 받으며 오로지 해내겠다는 집념으로 배 나온 40대의 아저씨들이 일주일 만에 달인의 경지에 오르는 의지의 모습이 그 증거다.

이처럼 자신의 삶을 주도적으로 만들어내는 데는 누구든 어디서든 '달인'이 될 수 있다. 일찍부터 찾아내어 시작하면 더 빨리 도달하겠지만, 행복한 삶을 만들 만큼의 '달인'이 되는 것은 '특명! 아빠의 도전' 정도의 노력만으로도 가능하다고 믿는다.

나는 코칭 시간이 다가오면, 고객에게 이러한 자신감을 불어넣는 코칭이 되길 기도한다. 누구든 지금까지의 삶이 본인의 기대에 못 미치고 원치 않은 과정과 결과가 되었다 하더라도, 지금부터 얼마든지 반전을 이끌어낼 수 있다고 믿는다. 그렇게 하고 싶다는 의지만으로 충분하다고 확신한다.

그러나 그 전환 과정을 위한 노력이 충분하고, 바라는 모습으로 이루어질 단계를 넘어설 때까지 지속되려면, 단순히 바라는 것이 아니라 좋아하고 잘하는 것을 찾아내야 한다. 그것을 찾는 과정을 돕고 그것으로 주도적인 삶으로의 전환이 되기까지의 노력을 함께 경주하려면, 무엇이든 해낼 수 있다는 확신을 갖는 자신감이 중요하다고 믿는다. 선천적으로 자신감이 없더라도, 이제라도 그것이 필요한 사람에게는 더욱 절실할 것이다.

코칭은 고객의 마음속에 그러한 시스템을 만들어내는 과정이라고 믿는다. 누구든 특명 아빠의 도전처럼 해낼 수 있다고 믿으며 기꺼이 그 도전을 하게 하는 과정을 코칭에 대한 바람직한 접근이라고 믿는다

코칭 성공 사례 - 문제해결

처음 KAC 자격을 따고 초보 코치로서 본격적으로 코칭 기회를 가졌지만, 고객들에게 생각만큼 코칭을 통한 도움이 체감되지 않고, 코칭의 가치를 제대로 전해주지도 풀어내지도 못하는 우울한 기분이 들 때마다 스스로에게 타협하곤 했다. 코칭을 배운 것은 내게 주변과의 소통과 연결을 위한 도구일 뿐, 주고받는 과정에서 무슨 감동을 주거나 큰 성취를 이룬다는 것은 없겠구나 하는, 사실상의 포기 수준이었다.

그러다가 몇 년 전 2022년 가을, 나 스스로에게 코칭의 의미를 돌려준 경험이 기억난다.

시설과 설비에 대한 현장관리를 담당하던 팀장님은 사실 삼중고를 겪고 있었다. 공사 현장과 시설 관리에는 풍부한 경험을 갖춘 기술자들이 필수적이다. 이러한 전문 분야는 쉽게 전직하기 어려운 특성이 있어, 오랜 시간 현장 경험을 쌓은 베테랑들이 각 영역을 담당하게 된다. 그래서 자연스럽게 중간관리자급 직책에는 연륜 있는 구성원들이 많았다. 반면 인력 구성에서 MZ세대의 비중이 높아지고 있었지만, 공사 현장은 그들에게 어쩔 수 없는 근무지일 뿐 기회만 있으면 사무직으로 전환하려 하는, 융합되기 어려운 조직을 이끌어야 했다.

게다가 중대재해 처벌 등에 관한 법률까지 시행되면서 까다로운 근무 규정으로 현장에 대한 통제가 더 필요 해졌고, 현장에서의 모든 민원 처리나 고객과의 합의 도출, 협상해야 할 문제들이 지속해서 산적되었다. 공사 진척 속도를 내야 하는 의무와 안전관리를 해야 하는 책임이 상충하며 인기 없는 리더가 되어가고 있었다.

중간관리자이면서 자신만의 경험으로 리드하려는 고연차 구성원을 통제해야 하는 어려움과 MZ 구성원들의 동기부여에 한계를 느끼고 있었다. 과거 현장사무소장의 영광은 이제 모두가 꺼리는 3D업종의 책임자로서의 좌절감으로 바뀐 것 같았다. 교육은 그에게 사치일 뿐이었고, 바쁜 공사 일정을 시시각각 통제해야 하는 그로서는 코칭을 받을 여유마저 없어 보였다.

그러나 그에게는 여전히 구성원들의 평가라는 압박에서 벗어날 수 없었다. 평가의 기준은 환경과 상황을 고려한 잣대를 적용해야 하고, 내가 그의 상위권 자라면 평가점수에 그런 척도를 고려했을 것이다. 그런데 아마도 조직에서 그러한 배려는 받지 못하고 있어 보였다. 나라도 그분의 처지라면 벗어나기 어려워 보였고, 과연 내가 이분의 의욕을 살릴 수 있을까 하는 걱정이 앞서면서 조심스레 코칭을 시작하고 있었다.

우선 라포 형성에 많은 공을 들였다. 이분은 문제해결보다 현실을 받아들일 수밖에 없다는 심정이 그대로 느껴졌다. 누구나 어려운 상황에 부딪힐수록, 또 리더로서 좋은 평가를 받지 못할수록 대화 상대가 적어지기 마련이다. 자연스럽게 가족이나 가정 내 관계, 친구, 지인 관계 등의 실마리를 풀어가며 지속해서 그의 가치관에 접근할 수 있었다.

그는 내성적인 면이 컸지만, 그의 가치관을 풀어낼수록 리더로서 자질과 성품이 한 겹씩 드러나며 더욱 돋보이기 시작했다. "그러한 면은 언제부터 알게 되셨나요?", "그것으로 어떻게 풀어내셨나요?" 하며 자신감을 느끼게 되는 응원과 지지만 했을 뿐인데, 고객은 스스로 방향성을 찾아내기 시작했다. 이전에는 고객의 가치 있는 성과를 위해 고객의 관점에서 문제를 풀어내고자 함께 고민하며 협의하고, 원팀으로서의 의미를 큰 가치관으로 삼아 헌신해 왔던 분이었다.

그는 주변과의 관계를 이끌어내는 노력보다 자신만의 방법으로 과거 자신이나 회사에 의미가 있던 사업 방향을 정면으로 풀어내고자 했다. 고객에게 솔루션을 제공하며 사업의 의미를 되찾으려 했고, 실제로 그렇게 했다. 자신감 있는 나만의 방식으로 추진한 업무의 고유한 사업 노력은 가치 확신이 약했던 MZ세대 구성원들에게도 환영받았고, 고참 구성원이 점차 공감하는 팀의 모습으로 바뀌기 시작했다고 한층 자신감 있게 내게 공유해주었다.

이후의 코칭 세션에서는 하나하나 자신을 찾아가는 주제로, 자신이 잘하는 것을 찾아내어 실현해 나가는 적극적인 공유를 시작했다. 내가 코

리더에서 코치로 ——————

칭을 잘하고 못하고의 능력과 관계없이 코칭 자체가 주는 선한 영향력의 힘을 확인하고 나 자신도 느꼈다.

코칭은 그 결과를 기대하는 것이 아니라, 과정에서 에너지를 얻는 여정이라는 것을 깨달았다. 단지 그렇지 않을까 하는 막연한 자의적 해석으로 코칭을 이어가던 내게, 코칭의 의미가 내가 기여하고 받아들일 수 있는 에너지라는 것을 확신하게 되었다. 세상의 많은 하찮은 일들이 누군가에게는 전환의 계기가 되듯이, 배우지 못했던 부모가 단지 사랑하는 마음만으로도 훌륭한 자식으로 성장시킬 수 있는 에너지가 지적 도움이나 정서적 가르침보다 더 크다는 것을 이제야 조금 알게 된 것 같다. 누가 누구를 코칭 한 것인가? 코칭은 상호 교감이자 상호보완의 원천이다.

누군가를 코칭 하는 기회가 자신을 스스로 코칭 하는 것보다 더 내게 삶의 자신감을 느끼게 해주는 이 미묘한 감정감상은 나 뿐만의 느낌일까? 리더가 되면 누구든 옳은 방향을 찾고자 한다. 헌신할 수 있는 마음가짐이 갖춰지고, 맡은 조직뿐 아니라 속한 조직이 잘되기 위한 방식을 찾는다. 그 방식이 무엇이든 에너지를 가진 선한 리더십에 감동하게 된다.

그 에너지를 불어넣을 수만 있다면 주변의 이해관계자들과 함께 조금 더 나은 행복을 만들어낼 수 있지 않을까 싶다.

코칭 성공 사례 - 의사결정

코치로서 첫해를 보내며 초기 코칭 수준을 넘어서서 코칭 효과의 진전을 조금씩 느끼며 의욕이 넘치던 시기였다.

코칭으로 시작된 인연이었지만, 삶의 선택을 중요한 파트너로서 존중받은 경험을 한 적이 있다.

그는 내가 상사의 입장이더라도 온전히 신뢰하고 맡길 만한 뛰어난 역량과 소양을 갖춘, 훌륭한 인성의 소유자이자 구성원들의 따뜻한 리더로 보였다.

겸손하고 차분한 그의 모습에, 오히려 현장에서 그의 리더십이 더욱 궁금해졌다. 하지만 나는 그에 대한 개인적 호기심을 절제하고 그가 제시하는 주제에 집중하고자 했다. 늘 최선을 다하고자 하는 그에게는 모든 것이 의미 있는 주제가 되었다. 조직 동력을 강화하고, 구성원들의 성장을 이끌며, successor 역량계발을 추구하는 등 바람직한 주제들로 코칭이 이어졌고, 그는 자신이 올바른 길을 걷고 있음을 확인받으며 기뻐했다.

출장이 잦아지며 코칭 관계가 마무리될 즈음, 코칭 중 조용히 진행되어 온 그의 신상 변화가 수면 위로 떠올랐다. 임원 승진이라는 순탄한 길을 걷던 그에게, 회사의 급박한 변화 속에서 멘토였던 직속 상사의 해외 이동이 결정되었다. 새로운 상사와 함께 온 다른 리더들과 새로운 조직 구축 과정에서 그는 새로운 도전에 직면하게 되었다.

이전의 멘토였던 그의 상사는 그에게 해외 주재 기회를 만들어 제안했다. 하지만 이를 수락하면 그의 승진 기회는 멀어질 것이라 했다. 해외 주재 이후 본사 복귀 후에는 승진하는 사례가 드물기 때문이다. 승진을 위해서는 잔류하며 경쟁에서 이겨내야 하는데, 이끌어주던 이는 떠나가고 홀로 극복해야 하는 갈림길에 서게 된 것이다.

진정으로 잘되기를 바라는 리더를 고객으로 만났음에도, 나는 그의 인성에 대한 호기심에 사로잡혀 늘 노력하는 그를 격려하기만 했을 뿐, 그가 지닌 잠재력과 성장 욕구를 제대로 보지 못했다.

마음속으로는 인생 선배로서 멘토가 되고 싶었으나, 그의 인생의 중대한 의사결정을 주도할 수는 없었다. 그의 선택은 감정적으로 흐를 수 있었고, 의사결정을 면밀히 분석할 여유조차 없는 상황이었다.

그러나 그는 차분히 고민하기 시작했다. "5년 후, 10년 후 진정 바라는 모습은 어떤 것인가요? 그래서 어떻게 하실 건가요? 그렇게 생각하신 이유는 무엇인가요? 그런 판단은 어디서 비롯된 것 같나요? 그게 어떤 의미인가요? 그것이 앞으로의 삶에 어떤 영향을 미칠까요?" 기억이 흐릿하지만 정말 많은 질문을 던졌다. 그의 마음속 진정한 가치를 찾아내길 바라는 과정이었다.

그는 역시 현명하고 뛰어난 리더였다. 그동안 우리가 나눈 코칭 리더십 주제들을 통해 스스로 하나씩 분해하고 확인하며, 자신이 선택해야 할 결정들을 정리해 왔다. 내가 미안해했던 리더십 코칭 대화가 엉뚱한 길로 간 것이 아니라, 그의 구성원뿐 아니라 가족과 주변에도 스스로 변화를 체감하게 했다고 한다. 비록 초보 코칭 수준이었지만, 그는 스스로 개선점을 찾으며 의사결정에 필요한 주제들을 차곡차곡 코칭으로 풀어온 것이다.

그는 가족을 위해 해외 주재를 선택했다. 보다 먼 길일 수 있지만, 진정한 성장의 길을 택한 것이다. 최종 코칭 말미에 그에게 뜨거운 격려와 지지, 응원을 보냈다.

코칭은 끝났지만, 그는 조언을 기대했다. 마지막으로 선배로서 부탁을 전했다. "선택은 기다리며 받는 것이 아니라, 스스로 선택할 수 있는 위치를 만들어내야 한다. 의사결정은 받는 것이 아니라 스스로 하는 것이다. 그것이 회사든, 업무든, 인생이든…"

기회는 기다린다고 오는 것이 아니라, 내가 만들어내야 하는 것이다. 그것을 위해 준비해야 하고 디딤돌을 잘 갖추어야 한다.

조직에서 누구든 품고 싶어 하는 사람은 누구일까요? 당신의 팀 내에서 당신의 successor로 당신은 누굴 선택합니까? 유능한가요? 하필 왜 그인가요? 그가 당신이 그러한 선택을 하게끔 만들어낸 겁니다. 그는 당신이 선택할 때까지 기다린 것이 아니라 선택할 수밖에 없도록 만들어진 준비된 사람입니다.

그에게 그것이 기회일 수도 있지만, 그가 이렇게 만든 여러 기회 중에 그는 선택할 것입니다.

승진이나 보직은 선택받는 것입니다.

'왜'는 없습니다. 스스로 그 답을 만들어두고 선택하게 해야 하는 것입니다.

우리의 남은 삶도 더 이상 선택을 기다리는 위치로 두어서는 안 됩니다. 그렇게 되면 선택받지 못할까 봐 스트레스가 쌓이고 늘 혼란스럽습니다.

내가 의사결정하고 선택할 수밖에 없게 만들어야 하고 그 기회 중에 선택하는 입장에 서면 스트레스도 혼돈도 사라집니다. 희망만 품게 되지요.

그는 가족과 함께 미국에 올 기회가 되면 꼭 와달라고 내 손을 꽉 잡았다.

앞으로는 선택할 수 있는 위치를 늘 준비하겠다면서...

리더십의 본질을 찾아서, 타고난 것인가?
만들어지는 것인가?

기업에서 의뢰하는 리더 대상 코칭은 주로 리더십 향상을 기대하며 요청되는 경우가 많다. 여전히 회사나 조직은 리더십 역량을 마치 노력으로 함양해야 할 기능처럼 바라보는 듯하다.

리더십의 사전적 의미는 '공동의 일을 달성하려고 한 사람이 다른 사람들에게 지지와 도움을 얻는 사회적 영향 과정' 또는 '무리를 다스리거나 이끌어가는 지도자로서 능력'이라고 정의된다. 리딩의 방법론에 대한 설명이 없으니, 이는 결과 중심의 정의로 더 와닿는다.

사회적 동물인 인간이 집단을 이루며 그 안에서 리더가 나오고 요구되는 것은 자연스러운 현상이다. 그렇다면 이러한 리더는 무리 속에서 어떻게 만들어지는가? 선사시대나 신석기시대에도 무리로 모여 살았고 우두머리가 있었을 터인데, 세계 각 문명 발원지의 수많은 집단에서 리더십이 과연 노력을 통한 지속적 역량 향상으로 만들어졌을까? 오히려 무리가 원하는 역량을 이미 갖춘 자가 리더로 추대되었을 가능성이 더 높아 보인다.

어떤 무리에도 분명 리더는 존재한다. 무리에서 선출되는 경우도 있고, 스스로 리더가 되어 무리를 형성하는 때도 있다. 리더가 무리를 만들어낸다는 것은 그가 이미 리더의 역량을 갖추었기에 기꺼이 그의 무리로 합류한다는 의미이다.

무리 생활을 하는 동물에게도 당연히 리더가 있다. 경쟁을 통해 리더의 자질로 스스로 리더가 된 것이며, 역량이 부족하면 리더 자리에서 밀려난다. 그렇다면 육식동물과 초식동물 무리의 리더, 리더십 유형은 모두 동일할까?

리더의 유형이나 역량은 무리의 형성 과정이나 유형에 따라 달라질 수밖에 없어 보인다.

리더가 무리를 만들면, 리더가 설정한 목적과 목표에 따라 무리의 조직문화가 달라진다. 무리 합류 여부는 리더가 추구하는 목적과 목표, 그에 따른 무리 문화, 조직문화에 따라 결정되며, 무리와 조직의 속성과 형태에 따라 다양할 수밖에 없다. 무리 전체는 리더의 성향과 그에 따른 리더십 유형에 따라 다양하게 변화하는 것이다.

과거의 회사 리더들을 기억하면, 구성원들로부터 존경받는 이들도 있었지만, 그렇지 못한 이들도 많았다. 당시 코미디 프로그램이나 드라마에서도 부장이라는 직함을 가진 사람은 시대와는 동 털어진 카리스마가 강한 사람으로 표현되거나 권위만을 앞세우는 유형으로 묘사될 정도로 이는 사회적 통념이 되었다.

리더십의 사전적 의미는 무리로부터 지지와 도움을 얻는 사회적 영향 과정임에도, 당시에는 리더들이 리더십을 권력으로 이해하는 경향이 강했다.

권력으로 조직을 이끄는 리더 앞에 불만과 늘 상처를 안고 상실감을 가졌던 사람들도 정작 자신이 조직의 리더가 되면 주어진 책임과 권한을 혼동하는 경우가 많았다.

GE의 잭 웰치는 한때 '경영의 신'으로 추앙받았다. GE 그룹의 핵심 산업은 급변하는 상업재가 아닌, 항공 엔진이나 의료기기 같은 성장 폭이 제한적이고 최고급 기술이 축적된 산업재 시장으로, 경쟁자의 진입이 매우 제한적이었다. 상대적으로 둔화한 산업재 시장에서 대규모 정리해고를 통한 구조조정과 2천여 건에 이르는 기업 인수합병, 국제화 추진으로 강력한 GE 문화를 구축하며 시대적 환경에 따라 개인은 최고의 반열에 올랐지만, 132년의 기업이 지금은 존재감이 사라졌다.

심지어 그를 세기의 경영자로 추켜세웠던 포천(*Fortune*)지는 2006년에 "웰치의 경영 지침서를 찢어버려라."라는 제목의 기사에서, '최고 인재가 아닌 열정적인 사람을 고용하라', '능력보다 영혼을 소중히 여기라'며 잭 웰치의 리더십에 반하는 조언을 했다.

기업이 처한 여건이나 환경에 따라 요구되는 리더십이 다른 것을 보면, 리더십의 유형은 시대적 산물이 아닌가 하는 생각이 드는 것도 사실이다. 기업마다, 조직마다 리더십이 적용되는 환경에 따라 필요한 것이 달라질 수 있다.

현장의 리더에게 서번트 리더십을 강조하던 시기에는 그러한 리더십으로 이끌다가, 시장이 치열해져 카리스마적 리더십이 강조되면 그런 리더십으로 무장이 가능할까?

나는 그럴 수 없다고 본다. 시대적 변화든 사회적 환경이든 요구되는 리더십은 달라질 수 있지만, 그러한 리더십은 성향에서 비롯되는 것이지 훈련으로 만들어지는 것은 한계가 분명하다. 아니, 현장에서 요구되는 수준으로 변화하는 것은 불가능하다고 본다. 결국 요구되는 리더십을 가진 리더로 교체되는 것이다.

무리마다 요구되는 리더십의 유형은 다른 것이 맞는가? 시대적, 사회적 환경에 따라 원하는 유형이나 리더십의 평가 기준이 다른 것인가?

과거 리더의 자리는 승진과 보상의 상징으로 인식되던 시절이었고, 사회적 성공의 반증으로 여겨지는 만큼 이를 놓치지 않으려는 노력은 비록 위선적이었을지라도 그러한 기업문화 형성에 일조한 것은 사실이다.

나는 오래전에 이십 년간 몸담아왔던 외국계 기업을 떠나 국내기업으로 이직하였다. 그런데 외국계 기업에서는 우수한 리더로 평가를 받아왔지만, 국내기업에서는 리더십이라는 주제가 나올 때마다 움츠러들었다. 당시 국내 대기업이 기대하는 리더십은 내가 경험해 온 리더상과는 너무나 거리가 멀었다.

대부분 리더는 선배들이 험난한 역경을 헤쳐오며 그들의 선배들로부터 물려받은 유산 같은 리더십을 답습하고 있었다. 보고 배운 것이기에, 그런 리더십을 가진 이들만이 발탁되어 승승장구해 온 것인지는 모르겠으나, 성공한 리더들은 대부분 카리스마 넘치는 강력한 성향을 보였고, 온화한 성품은 찾아보기 어려웠다.

소주잔을 기울이며 한탄할 때는 우리와 다름없는 정 많고 인간적인 면모가 드러났지만, 사무실에 들어서면 상사가 기대하는 전형적인 리더십이 발현되었으니, 이는 마치 직업병처럼 만들어진 리더십이라 할 수밖에 없었다.

초고속 경제성장을 이룬 사회의 모습이 '빨리빨리'가 만들어낸 성과인지는 모르겠다. 국내외 수많은 경쟁을 극복해 온 과정을 돌이켜보면, 고성장 시대에 필요한 조직문화와 이미 성숙하여 저성장으로 접어든 시장에서의 조직문화는 다를 수밖에 없다. 고성장 시대에는 노력한 만큼 성장의 기회가 주어지고, 기회가 넘쳐나는 만큼 열정만으로도 성장을 가속할 수 있었다. 독려하고 매진하는 리더십이 요구될 수밖에 없었다. 심지어 쥐어짜고 밀어붙이기만 해도 뛰어난 성과가 나오니, 성과는 승진으로 이어지고 승진이 보상되며, 강력한 카리스마가 성과 창출의 가치로 이어지는 리더상이 된 것이다.

오래전부터 선진국이었던 국가는 지금도 선진국이다. 선진국 대열의 순위는 바뀔지언정, 새롭게 선진국에 진입한 국가는 한국이 최초일 수도 있다. 그만큼, 산업근대화를 시작한 시기의 차이가 너무나 컸다. 선진국

리더에서 코치로 ─────

의 기업들은 이미 다른 차원에서 움직이고 있었다. 이들은 단순히 고성장 시장이나 후발 기업들과의 경쟁에서 벗어나, 끊임없이 새로운 시장을 개척하는 진정한 선도기업의 면모를 보여주었다.

이들은 국가의 탄탄한 기술인프라를 바탕으로 지속해서 새로운 시장을 만들어냈고, 빠른 추격자(Fast Follower)와는 전혀 다른, 혁신적이고 창의적인 기업 문화를 발전시켰다. 또한, 부족한 자원은 과감히 인수하고, 필요한 역량을 가진 파트너들과 전략적으로 협업했다.

이처럼 선진국 기업들은 그들만의 독보적인 영역을 구축하며, 새로운 시장을 지속해서 창출하고 선점하는 진정한 시장 선도자로 자리매김했다.

이러한 기업에는 요구되는 리더십도 달라질 수밖에 없으며, 이미 성숙한 시장으로 둔화한 기업환경에서의 성장은 기회 발굴에 달려있다. 새로운 시장을 발굴하고 사업모델을 창안해 내는 뛰어난 개발 인력과 전략적인 통찰력이 필요하다. 밀어붙이는 리더가 아닌, 창의적인 인재들이 집중할 수 있는 자유로운 환경과 배경이 되어주는 리더십이 요구되는 것이다.

이러한 차이를 동시에 경험한 내가 국내기업에서 리더로서 일을 시작했을 때, 구성원들의 반응은 의아함 그 자체였다. "이런 리더도 있나?" 그들이 한 번도 접하지 못한 리더십이라고 한다. 그들은 이런 리더십으로 과연 내가 살아남을 수 있을지에 대한 의구심을 품었다. 따뜻하게 도와 주기는 하나 가까이하지는 않았다. 이미 곧 떨어져 나갈 리더로 판단한 것이다.

나는 수년간 어려움을 겪으며 상사들의 기대에 미치지 못하는 리더였다. 리더십은 '끌고 가는 것'이지, 지지와 도움을 이끌어내는 것은 동호회나 하는 일이라고 여기는 분위기 속에서 '미약하고 리더십이 부족한 리더'라는 낙인이 찍혔다.

상사와의 면담에서는 늘 같은 지적을 받았다. "왜 험한 소리를 못 하나?", "따끔하게 싫은 소리를 못 하나?", "누가 나쁜 역할을 하고 싶어서 하는 줄 아나?", "그리해서 성과가 나겠나?", "강하게 밀어붙여라.", "애들은 쥐어짜야 한다."

어처구니없게도 그들은 마치 경쟁하듯 누가 더 쥐어짜고, 긴장감을 조성하고, 공포를 주는지가 상사로부터 인정받고 회사의 성과를 내는 리더십 역량으로 인식되었다. 반항할 수도 없어 처분에 맡길 수밖에 없었다. 그런 성향이 되지 못해 그렇게 행동할 수가 없었고, 그런 모습을 만들어낼 수도 없었다. 더 솔직히 말하면, 그렇게 하면서 일하고 싶지도 않고, 이 직장이 그것만을 요구하고 다른 가치를 인정하지 않는다면 떠날 준비도 하고 있었다.

리더로서 많은 지적을 받으면서 깨달았다. 대한민국을 대표하는 기업이 이렇다면 다른 기업도 마찬가지일 것이다. 적응해야 했다. 원하는 대로 고쳐지지 않으니 내가 잘하는 것을 찾아내야 했다. 가장 최일선에서

리더에서 코치로 ──────

리드하는 것, 조직을 리드하는 것이 아닌 조직에 주어진 성과를 직접 드라이브하는 것이었다. 나는 조직만 관리하는 고난한 직무에서 벗어나 영업 전선 현장의 리더로 이동했고, 그제야 숨통이 트였다.

나는 조직관리보다는 현장 직무형이다. 업무는 그럭저럭하는데 리더로서는 적합하지 않은 사람이었다.

이제 질문하게 된다. 리더 유형은 만들어질 수 있는 것일까? 리더는 타고나는 것일까?

어떤 모임이든 시간이 흐르면 리더로서의 후광이 보이는 사람이 자연스레 눈에 들어온다. 모임의 성격과 관계없이 누가 보아도 리더로서의 윤곽이 뚜렷한 사람임이 분명하다.

스스로도 자신이 원하는 위치에 대해서는 각자의 성향으로 판단하게 된다. 모임의 회장 자리를 두고도 시켜주면 하려는 사람이 있는가 하면, 리더 자리를 부담스러워하며 차라리 리더를 보좌하고 실무적인 일을 선호하는 사람도 있다.

회사 동료 중에도 기회가 되면 독립하여 사업을 하려는 사람이 있고, 누군가 밑에서 일하는 것을 항상 힘들어하는 사람도 있다. 독립하면 리더로 잘할지 걱정되는 사람인데도 사업을 잘 일구어내는 동창이 있는가 하면, 자신을 뛰어난 리더라 여기면서도 이끌고 함께했던 직원들이 결국엔 모두 흩어지고 사업도 꼬여 인생까지 어그러지는 동창도 보았다.

좋은 리더십의 정의는 무엇일까? 리더 자리에 있는 선배들을 보면 부하직원이나 구성원들이 뽑는 자리였다면 될 수 없었을 사람들로 넘쳐난다. 그런데 어떤 조직이든, 어떤 회사든, 어떤 기관이든 구성원들이 원하는 사람이 아닌 상사가 원하는 사람들이 리더로 발탁되는 것을 보면, 리더십은 상사에 의해 정의될 수도 있겠다.

이러한 문제를 모르지 않을 텐데, 지금은 많이 변했다고는 하지만 여전히 기업이나 기관에서 선출이 아닌 부여로 리더가 정해지는 이유는 무엇일까? 리더의 자리가 여전히 보상이나 동기부여의 목적이 큰 것인가? 진정 조직이나 회사의 장기적 성과를 위해서라면 성과를 직접적으로 창출하는 구성원들이 원하는, 리더 아우라가 있는 사람이 리더가 되어야 하지 않을까?

성공적인 삶, 행복한 삶을 살아가는 꿈은 그때나 지금이나 다르지 않겠지만, 너무나 가난했던 나라에서 성공적인 삶을 일구는 길은 안정적인 직장이었다. 그 외의 직업은 어느 하나 밥벌이할 만한 것이 없었다. 좋은 직장은 학업이 우수해야 기회가 있었고, 좋은 직장에 들어가지 못하면 더 나은 삶을 만들어낼 기회는 많지 않았다. 장사나 노래, 춤, 연기, 작가, 조리사 등의 선택은 취미로나 할 법한 것이지 가정을 이끄는 생계 수단이 될 수 없었기에, 모든 부모가 바라는 자식의 길은 오직 좋은 직업, 좋은 직장이었다. 그것이 곧 가족의 자랑이자 성공한 인생을 보장받는 행복이었다.

행복이 성공과 중첩되고 성공이 곧 행복인 만큼, 성공의 길은 승진이

리더에서 코치로

었고 승진하려면 직장을 옮기거나 이탈해서는 안 되었다. 충성심도 없어 보이고 기업의 성장보다 개인의 성장을 더 중시하는 사람은 기업에서 승진하기 어렵다는 것이 사회적 약속이나 다름없었다. 기업의 안정적 성장이 보장되지 않고 박봉에 시달리던 70년대, 80년대 사회 첫발의 직장생활에서 승진은 보상이자 인정이며 성공적인 인생의 징표나 다름없었다. 마치 우등생 표창장을 받고 밝은 미래로 성큼 나아가는 사다리와도 같았다.

고성장 시대에는 힘들어도 이겨내야 할 소중한 직장을 옮기는 것이 인생의 역주행이자 문제아로 낙인찍힐 수 있는 위험이었다. 다른 선택지가 없다 보니 기업이나 조직에서는 리더십이란 개념조차 필요 없었다. 리더의 말을 듣지 않을 수 없고 거역할 수도 없었다. 반론이나 저항, 항거는 상상조차 할 수 없었고, 기업의 응집력을 위해 리더의 위상을 더 높이려 상사들이 눈감아주는 행태가 만연될 수밖에 없었다.

성과만이 리더를 평가하는 기준이었다. 성과를 내면 뛰어난 리더, 성과가 나지 못하면 무능한 리더로 평가받았고, 중간 과정은 중요하지 않았다. 결과와 성과를 위해 시키는 대로, 원하는 대로, 만족할 때까지 해내야 하는 처지는 군대 생활과 다르지 않았다. 구성원들은 집에서도, 직장에서도, 사회에서도 도망갈 곳이 없었다. 버티고 이겨내야 할 몫은 리더가 아닌 구성원의 의지와 자세에 달린 것이었다.

지금은 어떠한가? 군대문화마저 바뀌었다. 직장과 직업의 선택지가 넓어졌다. 산업의 경계, 직무의 경계가 융합되고 역동적인 새로운 변화가 모든 것을 바꾸었다. 기업도 변화에 유연하게 대처할 수 있는 역량이 필요 해진 만큼, 다양한 경력이 흠이 되기는커녕, 한 직장에만 머문 사람이 오히려 변화에 둔감하고 유연성이 부족한 고지식한 사람으로 비추어지기도 한다. 어느덧 사회적 인식, 삶에 대한 가치관, 기업문화까지 선진국형으로 전환되기 시작한 것이다.

선택지가 많아진 구성원들, 저마다 다른 행복한 삶의 추구, 취미가 직업이 되고 직장보다 더 성공할 수 있는 길이 많아진 세상이 되었다. 이제 수요와 공급이 뒤바뀐 시장처럼, 구성원을 위한 리더가 요구되는 시대가 된 것이다.

역량 있는 구성원이 떠나지 않고 제 기량을 마음껏 펼치게 하는 것이 기업의 성과에 직결되는 만큼, 리더에게 요구되는 리더십의 유형도 달라졌다. 리더십이 무엇인지, 왜 필요한지도 모른 채 성장만을 좇으며 인생을 바친 최고 경영자들에게도 행복을 추구하는 구성원들에게 답하기가 쉽지 않다. 리더십은 이제 기업에 있어 코어근육이 되었다. 우리나라에도 리더십 관련 서적이 넘쳐나고 리더십에 관한 연구도 더욱 활발해졌다. 기업에서도 리더십 교육을 통해 리더십을 함양하려는 노력이 오랫동안 이어지고 있다.

기업에서도 리더들의 리더십을 360도로 평가하며 정신적 압박을 가해왔고, 이제 선진국 반열에 오르며 구성원들의 가치 중심의 독립적이고 자유로운 선택이 시작되었다. 그동안 선배들에게서 보지 못하고 배우지 못한 훌륭한 리더십, 존경받는 리더십이 무엇인지도 모른 채, 새로운 세대 구성원들의 지지와 도움을 받는 사회적 영향력 과정인 좋은 리더십을 갖추기 위한 노력을 해야 한다.

구성원들의 평가로 리더에서 이탈된다는 것은 지금까지 힘들게 살아오며 지켜낸 성공적인 삶이 더 이상 이어지지 못한다는 불안감, 실패한 삶으로 비칠 수 있다는 부담이 커진 것이다.

리더십은 만들어지는 역량인가? 아니면 원래부터 가지고 있어야 하는 Born to be 역량인가?

나는 리더십이 단순한 스킬이라기 보다는 보다 근원적인 성향과 깊은 연관이 있다고 믿는다. 그동안 좋은 리더십을 가진 리더가 되도록 오랫동안 수많은 교육을 투자해도, 교육을 통해 리더십이 만들어지고 변했다는 리더를 본 적이 없다. 인지는 하고 있으면서도 사고와 행동은 그대로이다.

글로벌 선도기업들은 신성장 발굴뿐 아니라 끊임없는 혁신을 통해 블루오션을 이어가기 위해 인재 확보를 기업의 핵심 자산으로 여긴다. 전 세계의 뛰어난 인재를 중용하고 머물게 하려는 다양한 시도, 기업문화와 조직 운영을 이러한 인재들의 활동에 맞춰 지속해서 개선하고 있다. 이러한 기업들도 최근 교육으로 역량이 만들어지지 않는다는 것을 깨닫기 시작했다.

넷플릭스도 역량이 아닌 훈련과 교육으로 리더 급 인재가 만들어지지 않는다는 문제를 확인하고, 일찍이 원하는 리더로서 자질을 갖춘 최고의 인재만을 뽑는 전략으로 전환했다. 몇 달간 지켜보고 역량이 부족하면 큰 대가를 지불하고 즉시 해고한다. 이는 리더십이 쉽게 만들어지지 않는다는 것을 반증하고 있다.

좋은 리더십이 없으면 리더가 되면 안 된다. 그러나 승진의 기회로 리더를 만들어내지 않으면 기업의 조직문화 역시 경직되고 굳어지게 된다. 어떤 무리도, 조직도 리더는 필요하다. 리더감을 지속해서 외부에서 영입할 수도, 또 그렇게 해서도 안 되는 것이다. 기업의 조직문화에 오히려 더 큰 문제가 생기게 된다.

이러한 상황에서는 늘 새로운 시각의 방법론이 창안된다. 부족한 리더십이 교육이나 훈련으로 쉽게 만들어지지는 않지만, 리더의 강점을 찾아 그것으로 리더십을 보완하는 방법이 있다. 모든 이가 만족하는 하나의 리더십은 없으며, 리더십은 늘 양면성을 지닌다. 누군가에게는 긍정적 영향이 되지만, 다른 이에게는 와닿지 않는다.

리더십은 그 자체의 방법론이 아닌 결과에 이르는 과정에 가깝다. 좋은 리더십이 반드시 좋은 성과로 이어지는 것도 아니고, 안 좋은 리더십이 꼭 나쁜 성과로 이어지는 것도 아니다. 구성원이 바라는 리더십이 좋은 성과를 보장하는 것도 아니며, 상사가 기대하는 리더십이 반드시 좋은 성과로 이어지지도 않는다.

리더십은 좋은 성과로 이어지게 하는 과정이다. 좋은 리더십, 나쁜 리더십의 구분보다는 좋은 성과로 이르게 하는 과정 자체가 좋은 리더십이다.

리더에게 좋은 성과로 이어지게 하는 과정을 만들어내는 요소는 무엇일까? 필요한 리더십을 구축하고 훈련하여 만들어내는 것이 가능할까? 사람은 자신이 가장 잘할 수 있는 것, 좋아하는 것, 더 하고 싶은 것이 강점 이자, 장점이다. 강점은 늘 뿜어 나오며 어디에든 잘 응용해서 활용할 수 있는 리더 본인의 가장 큰 자산이자, 리더다움을 형상화할 수 있는 가장 큰 자원이 될 수 있다.

'리더는 Born to Be'라는 말에 한 표를 던진다. 리더십은 상황과 대상과 시기에 따라 다른 요구가 될 수 있다. 어떤 리더가 그 다양한 상황에 맞는 다양한 리더십으로 언제든지 재무장할 수 있을까? 불가능하다. 상황과 환경과 여건에 따라 필요한 리더십을 갖춘 리더로 바로바로 교체할 것인가? 상상조차 할 수 없다. 그러면 무엇이 가능한가?

리더의 강점으로 상황과 요건에 맞는 리더십을 발휘하게 하는 것이다.

나는 리더에게 비즈니스 코칭이 확대되는 이유를 이제야 알게 되었다. 코칭이 얼마나 중요한지 깨닫게 된 것이다.

강점 코칭이 기업을 살리고, 구성원의 삶을 풍요롭게 하며, 리더가 리더십의 무게에 짓눌리지 않고 진정성만으로 좋은 과정을 만들어낼 수 있다는 희망을 보게 되었다.

코칭으로 지금의 격변기에 리더가 훌륭한 리딩을 이끌어가는 윤활유가 될 수 있다는 기쁨을 얻는다. 좋은 리더로 거듭나는 것이 360도 이해관계자의 삶에 미치는 영향까지 고려하면 사명감마저 느껴진다.

좋은 코칭으로 이바지될 수 있는 자긍심이 충만해지기를 기대해 본다.

낀 세대 리더의 딜레마,
코칭을 통한 새로운 해법 모색

지난 3년간은 동료 코치들과 함께 기업 팀장들을 대상으로 코칭을 진행해 왔다. 거의 천여 명의 팀장들과 1대1 코칭을 해오면서 코치들과 사례를 공유해보니, 소속 기업이 달라도 팀장들의 고민은 놀라울 정도로 비슷했다.

조직문화 측면에서 보면, 팀원 대다수가 새로운 세대로 교체되었음에도 인력관리와 인재 양성 방식은 여전히 과거에 머물러 있다. 특히 베이비붐 세대 임원들은 자신들의 경험과 관습에서 벗어나지 못한 채 조직을 이끌고 있다.

팀장들이 강조하는 리더십 덕목은 여전히 소통, 동기부여, 자기 계발, 권한위임, 피드백 등이다. 이는 내가 평사원이었을 때부터 끊임없이 들어온 이야기와 다르지 않다.

한국의 고성장기 기업들은 마치 트랙 경주와도 같았다. 선진국의 선도 기업이 개척한 길을 더 빠르게 따라가기만 하면 성공이 보장되었고, 힘든 일도 마다하지 않으면 반드시 결실을 볼 수 있었다.

당시에는 새벽부터 밤늦게까지, 직급을 막론하고 모든 구성원이 회사의 성장을 곧 자신의 성장으로 여겼다. 열심히 일하기만 하면 고향의 가족과 친지들에게 자랑스러운 존재가 될 수 있었고, 그들의 부러움을 한 몸에 받을 수 있었다.

주거 문제도 수월했고, 결혼 후에는 아내가 가정과 자녀 교육을 전담해 주었다. 모두가 같은 길을 걸었기에 다른 선택지를 고민할 필요도 없었고, 수요가 없다 보니 새로운 기회의 창도 열리지 않았다.

회사를 떠난다는 것은 곧 생계를 포기하는 것과 다름없었다. 스스로 알아서 처신해야 했다. 기업들은 지속적인 신입사원 채용으로 인력을 충원했고, 새로운 사업 확장보다는 기존 사업의 성장에 주력했기에 경력직 채용은 극히 드물었다. 이직할 기회가 적다 보니 현재 기업에서 버티는 것 외에는 선택지가 없었다. 리더의 눈 밖에 나는 순간 가족의 생계까지 위협받았다. 기업의 조직문화는 한결같이 경직되어 있었다. 우리는 토요일까지 출근하고 휴가 한 번 제대로 쓰지 못한 채 연차수당을 전액 받는 것에 만족해야 했다. 반면 미국이나 유럽의 직장인들은 직급과 관계없이 겨울철 장기 휴가를 즐기고, 주 5일 근무는 물론 연차 사용도 자유로웠다. 칼퇴근이 일상이었고, 금요일 오후면 공공연히 자녀 하교를 챙기거나 더 나은 조건의 회사 면접을 보러 다니는 게 당연시되었다.

한국에서 구성원들에게 회사는 인생의 보호막이자 생명줄이었으며, 가족을 지키기 위해 모든 것을 걸어야 할 대상이었다. 하지만 상사들의 갑질과 폭언, 심지어 폭행까지 이어졌고 회사는 이를 묵인하거나 오히려 그런 상사들을 승진시켜 부추기기까지 했다. 원래는 인품이 좋았던 상사들조차 점차 언행이 거칠어졌고, 때로는 경영진이 직접 더 강압적인 조치를 지시하기도 했다. 이런 행태는 성장을 위한 가장 빠르고 직접적인 방법이었고, 학교와 군대에서 배워온 방식이기도 했다. 구성원들의 고충과 고통, 갑질 같은 부당한 관행이 모두 이런 환경 속에서 묵인되었다. 이러한 여건에서 따뜻한 리더십이란 존경의 대상이 될 수 없었다.

베이비붐 세대가 조직을 장악했을 때는 모든 것을 수용할 수밖에 없었지만, 고도성장기가 성숙기에 접어들고 생활이 조금씩 나아지면서 선진국의 조직문화를 배워야 한다는 인식이 싹트기 시작했다. IT 혁명으로 애플과 같은 플랫폼 기업들이 성장하면서 산업 지형도가 바뀌었고, 과거의 관행만으로는 더 이상 성장할 수 없다는 깨달음이 확산하였다. 이제야 비로소 기업들은 조직문화의 혁신을 고민하기 시작했고, 진정한 의미의 리더십이 필요하다는 인식이 자리 잡게 되었다.

이러한 변화 속에서 동기부여, 소통, 경청, 서번트 리더십 등을 다룬 경영서들이 주목받기 시작했다. 구성원의 인격을 존중하고 욕구를 충족시켜야만 지속적인 성장이 가능하다는 인식이 확산한 것이다.

이제 기업은 또 다른 전환점을 맞이했다. 기업의 중추적 역할을 담당하는 구성원들의 세대와 욕구도 완전히 달라졌다. 그러나 리더들은 한 번도 배우거나 경험해 보지 못한 새로운 리더십을 요구받고 있다. 건강한 기업문화가 자리 잡기도 전에 MZ세대가 핵심 구성원으로 부상한 것이다.

현장의 팀장들은 이 변화의 최전선에서 고군분투하고 있다. 그들의 상사인 윗선 임원들은 여전히 과거의 방식을 고수하라고 요구하지만, MZ세대 구성원들의 일에 대한 목적과 목표는 완전히 다르다. X세대 팀장들은 구성원들의 새로운 욕구와 회사의 전통적 기대 사이에서 갈등하고 있다. 그들의 고충은 이미 한계점에 도달했고, 임원진과 HR 부서가 내놓는 즉흥적인 대책들은 오히려 현장 리더들의 부담만 가중하고 있다.

이런 상황에 부닥친 팀장들을 코칭 하면서 끊임없이 의문이 든다. 과연 코칭이 이들의 문제를 해결할 수 있을까? 정말 이들이 문제의 근원일까? 이토록 힘겨워하는 팀장들을 누가, 어떻게 도와주고 바로 세워줘야 하는가?

기업의 리더들을 만날 때마다 이들이 코치가 되었으면 하는 바람이 든다. 하지만 동시에 임원들, 아니 최고 경영자가 먼저 코치가 되어야 근본적인 문제해결이 가능하지 않을까 하는 생각도 든다. 이것이 과연 코칭만으로 해결될 수 있는 문제일까? 이는 한 기업만의 문제가 아닌 한국 사회가 가진 과제이기도 하다.

오늘도 나는 기업의 팀장들을 코칭 하면서 이러한 근본적인 고민에서 벗어나지 못하고 있다. 과연 이 상황의 해답은 무엇일까?

비즈니스 코칭의 가치 창출

코칭의 깊이를 더해가면서 내면의 성장과 갈등이 교차했다. 과거 조직의 리더로서의 경험을 되돌아보며, 코칭을 일찍 알았더라면 구성원들의 자발성과 창의성을 더 잘 이끌어낼 수 있지 않았을까 하는 아쉬움이 밀려온다. 현재 MZ세대와 베이비붐 세대 임원 사이에서 고군분투하는 팀장들을 바라보며, 코칭이 그들에게 새로운 돌파구가 되어줄 수 있을까 하는 희망과 의구심이 공존한다. 그러면서도 코칭 스킬의 확산이 가져올 긍정적인 조직문화의 변화에 대한 믿음과 사명감이 가슴 한편에 자리 잡고 있다.

일부 대기업의 내부 코치 양성 프로그램을 접하면서도 복잡한 감정이 든다. 이것이 단순한 비용 절감이나 표면적인 교육 기회로만 인식되는 건 아닌지 우려되는 부분이 있다. 진정한 변화는 외부 전문 코치의 일시적인 개입이 아닌, 조직 전체 리더들이 코칭 마인드를 내재화하고 이를 실천하는 데서 시작되어야 할 것이다. 이는 마치 씨앗을 뿌리고 싹을 틔워 숲을 이루어가는 과정처럼, 점진적이지만 근본적인 변화를 이끌어내는 여정이다.

리더십의 본질을 고민하면서, 이는 마치 다면체와 같다는 깨달음을 얻었다. 상황과 환경, 구성원의 특성에 따라 다양한 형태로 발현될 수 있으며, 정해진 하나의 정답은 없다. 각 리더의 개성과 가치관이 만나 독특한 리더십 스타일을 만들어내는 것이다. 이는 마치 히딩크 감독의 리더십이 어떤 팀에서는 성공을 이루고, 또 다른 팀에서는 그렇지 않을 수 있다는 예시처럼 상황적 맥락의 중요성을 보여준다.

기업의 리더십은 결국 CEO의 비전과 철학에서 시작되어 조직 전체로 흘러간다. 이는 강물이 상류에서 하류로 흐르듯 자연스러운 과정이다. 각 기업의 고유한 운영철학은 특별한 리더십 문화를 만들어내고, 이는 다시 현장의 실천으로 이어진다. 이 과정에서 HRD의 역할은 마치 정원사가 정원을 가꾸듯, 이러한 리더십 문화가 건강하게 뿌리내리고 성장할 수 있도록 돕는 것이다.

이러한 성찰과 고민의 과정은 때로는 혼란스럽고 어려울 수 있지만, 이것이 바로 진정한 성장의 여정임을 깨닫게 된다. 코칭은 단순한 스킬의 전수가 아닌, 조직과 개인의 진정한 변화와 성장을 이끄는 촉매제 역할을 하는 것이다.

깊은 성찰과 현장 경험을 통해 깨달은 조직 혁신의 본질적 요소들을 정리하면서, 가슴 한편에서는 설렘과 부담이 교차한다. 마치 등산로를 개척하는 선구자처럼, 새로운 길을 만들어가는 과정에서 느끼는 도전과 희망이 공존하는 순간이다.

첫째, CEO의 코치 전환은 조직 변화의 근간이다. 이는 마치 나무의 뿌리와 같아서, 표면적으로 드러나지 않더라도 전체 조직의 생명력을 좌우한다. CEO가 보여주는 코칭 리더십은 폭포수가 흘러내리듯 조직 전체에 영향을 미친다. CEO가 진정성 있는 코칭 마인드를 보여주지 않는다면, 다른 모든 노력은 마치 모래성처럼 쉽게 무너질 수 있다는 점을 깊이 이해하게 되었다.

둘째, 지속적인 코칭 기술 교육의 중요성은 마치 운동선수의 훈련과도 같다. 한두 번의 교육으로는 진정한 변화를 이끌어낼 수 없다. 코칭 리더십은 마치 새로운 언어를 배우는 것처럼 시간과 인내, 그리고 끊임없는 실천이 필요하다. 뛰어난 성과만으로는 부족하며, 코칭 리더십은 현대 리더의 필수 요소가 되었다. 이는 마치 피아니스트가 매일 연습하듯, 끊임없는 학습과 적용의 과정이 필요한 여정이다.

셋째, 전문 코치의 사외이사 화는 혁신적인 제안이다. 이는 마치 기업의 주치의와 같은 역할로, 조직의 건강성을 지속해서 모니터링하고 개선하는 역할을 한다. 구글의 사례처럼, 전문 코치가 이사회에 참가하는 것은 단순한 형식적 참여가 아닌, 조직문화의 경직화를 예방하는 중요한 장치가 된다. 이는 기업의 내부 문제가 외부에 노출될 수 있다는 우려를 넘어서, 더 건강하고 투명한 조직으로 성장하기 위한 용기 있는 선택이다.

이러한 전략들을 실행하면서 느끼는 두려움과 불확실성은 자연스러운 것이다. 마치 새로운 영토를 개척하는 탐험가처럼, 때로는 불안하고 망설여질 수 있다. 하지만 이러한 도전과 성장의 과정이 바로 진정한 혁신의 시작점임을 깨닫게 된다. 코칭은 단순한 기술이나 도구가 아닌, 조직의 DNA를 변화시키는 근본적인 혁신의 동력인 것이다.

Part 3

엔지니어에서 CEO까지, 꿈을 가진 리더를 위한 코칭

지은이 김달곤

화공 엔지니어로 시작하여 *33년간 HR조직, 사업개발, CEO보좌업무* 등 다양한 분야에서 경험을 쌓아왔다. *SK E&S* 자회사인 전력회사를 설립하고 초대 *CEO* 로서 *7년간* 회사 설립과 인재 채용, 조직 문화를 만들었다. 현직에서 은퇴한 후 에는 리더와 조직의 성장을 돕는 일에 깊은 관심을 가지고 비즈니스 코치로 활 동하고 있다. 자연의 흙으로 빚어진 도자기처럼 은은하게 어려움을 견디며 성 장해가고, 주변 사람들과 평화롭고 균형 잡힌 삶을 추구하며 살아가고 있다.

내 삶을 바꾼 칭찬의 힘

중학교 2학년 시절, 수학은 나에게 악몽과도 같았다. 매월 치러지는 쪽지 시험의 결과에 따라 체벌이 뒤따랐다. 당시에는 체벌이 일상적이었고, '호랑이 선생님'이라 불리던 수학 선생님은 가장 두려운 존재였다. 틀린 문제 수만큼 플라스틱 자로 손바닥을 내리치셨는데, 체벌의 고통보다 급우들의 조롱 어린 시선이 더욱 견디기 힘들었다.

그러던 어느 날, 나는 모험적인 계획을 세웠다. 수학을 잘하는 친구를 설득해 단 한 번만이라는 조건으로 답안을 베끼기로 약속했다.

시험 당일, 나는 조심스럽게 친구의 답안을 옮겨 적었다.

다음 수학 시간, 시험 결과 발표를 기다리는 긴장된 순간이 찾아왔다. 문이 열리고 선생님이 들어오셨고, 예상치 못하게 내 이름을 부르셨다.

"김달곤이 누구야?"

순간 온몸이 얼어붙었다. 들켰구나. 심장이 밑바닥까지 내려앉는 것 같았다.

고개를 숙인 채 조용히 손을 들었다.

그때 선생님의 놀라운 말씀이 이어졌다.

"이번 시험에서 이놈이 가장 좋은 성적을 받았다. 대단한 놈이네."

나는 귀를 의심할 수밖에 없었다. 어떻게 답안을 베낀 내가 친구보다 더 좋은 점수를 받을 수 있단 말인가.

진상은 이러했다. 답안을 베끼는 과정에서 사지선다형 한 문제를 실수로 잘못 옮겼는데, 기묘하게도 친구가 틀린 답을 적은 그 문제를, 내가 실수로 맞는 답을 적은 것이었다. 결과적으로 나는 10점, 친구는 9점을 받아 최고 득점자가 되었다.

선생님은 우리 반을 넘어 전 학급을 돌며 내 이야기를 하셨다. '수학 지진아였던 학생이 이번에 최고 점수를 받았다'라며 다른 학생들에게 본보기로 삼으라고 말씀하고 다시셨다.

그 사건은 체벌보다 더 큰 심적 고통을 안겨주었다. 다음 시험에서 진실이 밝혀질까 두려움에 시달렸다. 얼굴이 화끈거리고 초조함이 밀려왔다. 불안감이 끊임없이 몰려왔다. '차라리 매를 맞는 게 나았을지도 모른다'라는 후회가 들었지만, 이미 돌이킬 수 없는 상황이었다.

그때부터 나는 진정한 수학 공부를 시작했다. 주어진 모든 시간을 수학 문제 풀이에 쏟아부었다. 다른 과목 수업 중에도 수학 문제를 풀다가 적발되어 지적을 받기도 했다.(지금 돌이켜보면 그리 심한 꾸중은 아니었던 것 같다.) 나아가 서울의 수학 단과반에 등록했다. 당시 우리 가족은 서울의 위성도시인 성남에 거주했는데, 종로1가 YMCA 뒷골목의 학원에 가기 위해서는 한 시간 반 동안 시외버스와 전철을 거쳐야 했다. 그런데도 방과 후 매일 같이 학원을 찾았다.

한 달 후의 쪽지 시험에서도 나는 동일한 우수한 성적을 거두었다. 그 이후로 수학은 내가 가장 사랑하는 과목이 되었다. 꾸준히 상위권 성적을 유지했고, 고등학교 시절에는 다른 과목들은 평범했지만 유독 수학만큼은 탁월하다는 평가를 받았다. 대학수학능력시험에서도 수학 과목 만점이라는 성과를 이뤄냈다. 이후 수학은 내 인생의 중요한 결정들을 이끄는 나침반이 되어, 공과대학 진학으로 이어졌고 미적분을 다루는 엔지니어의 길을 걷게 되었다.

더욱 값진 수확은 '몰입의 경험'을 체득했다는 점이다. 중학생 시절 수학에 대한 깊은 몰입의 경험은 소중한 자산이 되어 인생의 주요 순간마다 빛을 발했다.

후일 알게 된 사실이지만, 당시 선생님은 내가 커닝했다는 것을 알고 계셨다.

'칭찬의 위대한 힘'이다. 선생님은 어떤 생각으로 벌책 대신 칭찬을 선택했을까? 아마도 칭찬이 지닌 변화의 힘을 믿으셨던 것은 아닐까? 그렇다면 정확했다. 선생님의 작은 칭찬 한마디는 내 인생을 이끄는 강력한 원동력이 되었다. 더 나아가 그 칭찬은 단순히 내 삶의 방향을 결정짓는 데 그치지 않고, 자아를 바라보는 관점을 변화시키는 촉매제가 되었다. 이를 통해 나는 내면에 잠재된 가능성을 발견할 수 있었고, 그 잠재력

리더에서 코치로 ─────

을 현실로 구현하기 위해 매진했다. 그 결과 수학이라는 영역에서 굳건한 자신감을 획득했고, 이는 삶의 전반적인 영역에서 긍정적인 파급효과를 가져왔다.

현재 나는 전문 코치로서, 선생님께 받았던 그 영향력을 되새기며 매일 타인들과 내 고객들에게 긍정의 에너지를 전달하고자 노력하고 있다. 나의 작은 칭찬이 누군가에게 힘이 되어주기를, 그들 또한 각자의 영역에서 빛나는 존재가 되기를 소망하면서. 사소해 보이는 칭찬 하나가 얼마나 큰 변화의 물결을 일으킬 수 있는지, 나는 직접적인 경험을 통해 깨달았다. 이 경험을 통해 나는 칭찬의 힘과 그로 인한 변화의 가능성을 굳게 믿게 되었다.

선생님께 깊은 감사의 마음을 전한다. 그분의 지혜와 따뜻한 마음, 그리고 칭찬이 없었다면 지금의 내가 존재하지 않았을 것이다. 선생님의 칭찬은 내 삶을 비추는 등대가 되었을 뿐만 아니라, 이후의 삶을 살아가는 데 있어 '자신감'이라는 귀중한 선물을 안겨주었다.

이 소중한 경험은 반드시 계승되어야 한다. 이것이 내가 칭찬의 바이러스를 끊임없이 전파해야 하는 이유다.

마지막으로, 그때 커닝을 허락해 준 친구에게도 깊은 감사의 마음을 전한다.

인연과 우연

　　어제는 3년 차 코칭 위원님들 초대로 만찬 자리에 참석했다. 모두 코치라는 이름 아래 한자리에 모였지만, 각기 다른 삶의 목표를 품고 살아온 사람들이었다. 그들이 코치라는 길을 선택하면서, 우연이 인생을 바꾼 사례는 나 역시 예외가 아니었다.

　　돌이켜보면, 은퇴 후 내가 코치가 되리라곤 꿈에도 생각지 못했다. 모든 것은 예고 없이 걸려 온 한 통의 전화에서 시작되었다. SK E&S HR 실장으로부터 "코칭 위원을 한 번 해볼 생각이 없으신가요?"라는 제안을 받았을 때, 나는 코칭이 무엇인지 제대로 이해하기도 전에 "그거 한번 해보죠!"라고 덜컥 수락해 버렸다. 평생 직장생활 동안 회사의 권유를 거절하지 않았던 습성이 그날도 그대로 발휘된 것이다. 그 선택은 이후 내 삶의 방향을 180도 바꾸어 놓았다.

　　첫 코칭 과정 설계를 맡았던 라운지에서의 기억이 생생하다. 솔직히 말하면, 당시 나를 포함해 코칭 과정을 설계한 사람들조차 코칭이 무엇인지 잘 알지 못했다. 담당자 OO님은 특유의 감각과 자신감으로 "이거, 잘될 겁니다!"라며 프로그램을 실행에 옮겼고, 나 역시 거기에 발을 디

디게 되었다. 퇴임 후 더 조용한 삶을 꿈꿨던 내가 왜 그 제안을 덥석 수락했을까? 후회도 밀려왔지만, 결국 그 결정이 지금까지의 삶을 송두리째 바꾸어 놓았다.

그렇게 내 인생에는 "코치"라는, 이전엔 전혀 상상조차 하지 못했던 새로운 단어가 더해졌다.

문득, "우연"과 "인연"이라는 단어가 떠오른다. 삶이란 결국 수많은 우연이 만들어낸 기회들을 만나며, 그 만남이 인생의 조각을 채워가는 과정이 아닐까? 학교의 선택, 친구와의 만남, 배우자와의 만남 등, 우연 속에서 이어진 내 선택들이 지금의 나를 만들어 왔다. 어쩌면 인연이란, 우연의 모습을 하고 찾아오는지도 모르겠다.

만약 그날 내가 그 제안을 거절했다면? 혹은 그 사람을 만나지 못했다면? 인생은 완전히 다른 모습이었을 것이다. 다행인지 불행인지는 상황에 따라 다를 수 있겠지만, 분명한 건 우연이라는 단어가 이제 내게 특별한 의미로 다가온다는 것이다.

우연히 만난 코칭, 그리고 그로 인한 소중한 인연은 앞으로도 내 삶에 깊은 영향을 미칠 것이다. 이 모든 만남과 기회를 만들어준 사람들에게, 특히 라운지에서 무식하리만큼 강단 있게 프로그램을 밀어붙인 이OO 담당님께 깊은 감사를 전한다. 물론, 언젠가는 원망할지도 모르지만 말이다!

4년의 코칭, 부족함에서 의미를 찾다

코칭의 모자를 쓴지 어느덧 4년이 흘렀다.

코칭의 '코' 자도 모르던 백지상태에서 시작했던 내가 지금은 어떤 코치로 성장했을까? 최고의 코치를 10점이라 가정한다면, 현재의 나는 몇 점쯤 될까? 스스로 묻지 않을 수 없다.

지난 4년 동안 코칭 시간은 1,300시간을 넘겼고, 200명이 넘는 고객들과 만났다. KAC에서 PCC로 성장한 지금, 나는 과연 얼마나 달라졌을까? 코칭 기술은 얼마나 향상되었고, 고객이 느끼는 만족감은 얼마나 깊어졌을까?

생각해 보면, 4년 전이나 지금이나 고객들이 느끼는 소소한 감동은 크게 다르지 않은 것 같다. 상위 코치의 타이틀을 달고 진행하는 지금도, 초보 시절의 코칭과 크게 다른 반응을 체감하지 못한다. 오히려 코칭을 거듭할수록 나의 부족한 모습이 더욱 선명히 드러나고, 더 어려운 상황들과 자주 마주한다. 이 얼마나 역설적인가!

그렇다면 지난 4년의 코칭 여정은 어떤 의미를 지닌 걸까? 자격시험을 통해 역량을 검증받은 시간은 나에게 무엇을 남겼을까? 그리고 그동

리더에서 코치로 ───────

안의 노력과 투자, 공부는 과연 어떤 가치를 만들어냈을까?

문득 떠오르는 말이 있다. "돈이 많아질수록 행복은커녕 불안감이 증가한다." 코칭 실력이라는 자산도 마찬가지다. 능력이 쌓일수록 나의 부족함이 더욱 뚜렷해 보인다. 동시에 내가 설정한 이상적인 목표는 점점 더 높아지고, 만족감은 반대로 줄어드는 것 같다. 마치 수입이 늘수록 욕망의 속도는 더 빠르게 치솟는 것처럼.

이런 현상이 단순한 욕심 때문일까, 아니면 훌륭한 코치로 성장하는 과정에서 자연스럽게 마주하게 되는 정서적 경험일까? 이런 질문들이 나의 Mindset과 Presence를 흔들고 있다는 생각이 든다.

나는 스스로에게 코칭의 질문을 던져본다. 지금 내가 느끼는 불만족감과 부족함은 무엇을 의미하는 걸까? 고요히 눈을 감고 내면을 들여다보니, 그곳에 자리 잡고 있는 '성취'와 '최상화'라는 강점 테마가 보인다. 혹시 나는 도달해야 할 코칭의 수준을 특정 목표로 설정하고, 거기에 맹목적으로 달려가고 있는 것은 아닐까? 그렇다면 내가 추구하는 궁극적인 코치의 모습은 무엇일까? 어느 수준에 이르러야 이런 불안감에서 자유로워질 수 있을까? KSC나 MCC가 되면? 코칭 시간이 2,000시간을 넘기면? 아니면 신의 경지에 도달해야 이 갈증이 해소될까? 답을 쉽게 찾을 수 없는 질문들이다.

하지만 한 가지는 분명하다.

나는 지난 4년 동안 코칭을 열정적으로 공부해 왔고, 수많은 고객과의 만남을 통해 성장해 왔다. 코칭을 주제로 강연도 했고, 후배 코치들에게 아낌없이 도움을 제공하기도 했다. 무엇보다, 고객들은 처음부터 지금까지 꾸준히 만족감을 표현해 왔다. 물론 어려운 주제들은 늘 존재했고, 앞으로도 계속되겠지만 말이다.

문득 한 선배 코치의 말이 떠오른다. "나 역시 코칭할 때마다 긴장되고, 잘 풀리지 않는 상황도 많다." 이 말은 지금의 나에게 큰 위로로 다가온다.

결국 중요한 건 코칭을 향한 진정한 사랑과 더 나은 코치가 되고자 하는 열망이다. 부족함을 채우기 위해 노력하는 과정 자체가 이미 충분히 의미 있는 여정이 아닐까? 특정한 목표점에 도달하는 것보다, 고객과 함께 호흡하며 문제를 해결하고, 내 스스로 성장해 나가는 과정을 즐기는 것이야말로 진정한 코칭의 본질이라는 생각이 든다.

나는 나 자신을 더 사랑하기로 했다.

'성취'와 '최상화'라는 테마가 나를 조이는 스트레스로 변하지 않도록, 코칭의 성장을 있는 그대로 받아들이기로 했다. 지금까지의 여정을 인정하고, 지금 이 순간에도 노력하고 있는 나를 격려하며, 고객에게 더 나은 코칭 환경을 제공하기 위해 계속 나아가려 한다. 지금은 나 자신에게 따뜻한 칭찬과 깊은 인정을 보낼 때다.

코칭 여정의 변천사

지난 4년간 나의 코칭 여정을 되돌아보며, 시기별로 내가 어떤 변화를 겪어왔는지 정리해 본다. 코칭은 특정 목표를 향해 달려가는 것이 아니라, 성장과 도전을 즐기는 과정이다. 어제보다 나은 코치가 되기 위해, 나는 오늘도 나 자신을 격려하며 앞으로 나아갈 것을 다짐해 본다.

1차 시기 (~6개월: KAC) 멘토의 역할

코칭 초반, 나는 마치 모든 문제의 해답을 가진 멘토처럼 행동했다. 고객의 질문에는 항상 답을 준비해 두었고, 내 경험과 대기업 임원 출신이라는 배경은 고객들에게 신뢰를 주었다. 고객이 내 코칭에서 도움을 받는 모습에 뿌듯했지만, 코칭 세션이 끝난 후에는 알 수 없는 피로감이 몰려왔다. 목이 마르고 입이 아팠다.

지금 돌이켜보면, 나는 코칭이 아닌 조언 중심의 대화를 하고 있었던 것 같다. 질문보다는 답변에 집중했던 시기였다.

2차 시기 (6~18개월 : KPC) 코치로서의 전환

이 시기부터 나는 질문의 힘을 믿기 시작했다. 고객의 이야기를 경청하며, 때로는 나도 얼굴이 붉어질 만큼 어려운 질문을 던졌다. 처음엔 어색했지만, 고객들이 이런 질문을 긍정적으로 받아들이는 모습을 보며 점차 자신감을 얻었다.

그러나 여전히 부족한 점도 많았다. 질문을 던지면서도 내 머릿속에는 여전히 답을 준비하곤 했고, 고객에게 내 생각이 불쑥 튀어나오는 일이 잦았다. 고객들은 여전히 나의 경험을 갈구했기에, 가끔 한 세션을 질의응답 시간으로 사용하기도 했다. 그 시간이 나에게는 가장 편안하고 익숙하게 느껴졌다.

3차 시기 (18~30개월 : 강점 코치, KPC)

질문의 능숙함과 강점 기반 코칭

이제 질문을 던지는 데 있어 더 능숙해졌다. 다양한 상황에 맞는 질문을 수집하고 연습하며, 이를 실제 코칭에 적용했다.

예를 들어, "벽에 붙은 파리가 이 상황을 보면 어떤 느낌이 들까요?" 나 "지금 떠오르는 감정을 이미지로 표현한다면 무엇일까요?" 같은 질문들을 활용했다. 처음엔 어색했지만, 코치로서 더 깊은 대화를 끌어내기 위해 노력했다.

　그러나 이 시기에도 한계는 있었다. 어떤 코칭은 세션이 끝난 후에도 뭔가 해결되지 않은 듯한 찝찝함이 남았다. 고객이 "마음을 털어놓고 후련하다"라고 말했지만, 나는 여전히 스스로의 부족함을 느꼈다. 모든 문제를 해결할 수 없다는 현실과 마주하기 시작한 시기였다.

4차 시기 (30개월~현재 : PCC) 성찰과 도전의 단계

　　　　　　　　이제 나는 스스로를 더 깊이 성찰하며 전문 코치로 나아가고자 한다. 부족함은 더욱 선명하게 드러나고, 그 결핍을 채우기 위해 학습을 이어가지만, 배움이 깊어질수록 더 많은 과제가 보인다. 역설적으로, 실력과 자격이 쌓일수록 자신감은 점점 떨어지는 듯하다.

　'코칭이 정말 나의 길인가?' 하는 질문이 머릿속을 스친다. 그러나 나는 이 질문마저도 성장의 과정으로 받아들이기로 했다.

미래를 위한 다섯 가지 다짐

1. 고객에 대한 깊은 이해
　고객의 심리 상태와 맥락을 더 깊이 이해하려 노력한다.

　고객의 주제는 무엇을 본질적으로 해결하려는 것일까? 진정한 연결을 바탕으로 이러한 질문에 답하고자 한다.

2. 나 자신의 상태 점검

코칭 전에 나의 컨디션과 심리를 면밀히 살핀다.

내가 준비되지 않은 상태라면 고객에게 온전히 집중할 수 없다. 고객과의 대화 중 나의 심리적 변화와 직관을 주의 깊게 관찰하려 한다.

3. 관계 역동성의 이해

고객과의 관계에서 불필요한 위계감이나 선입견이 개입되지 않도록 주의한다.

고객과의 대화 속에 숨어 있는 가정들을 스스로 점검하며, 더욱 평등한 코칭 관계를 지향한다.

4. 코칭 과정에 대한 성찰

세션 후에는 반드시 무엇이 효과적이었는지, 어떤 부분이 개선이 필요한지 돌아본다.

특정 질문에 깔린 나의 가정이 무엇인지 분석하고, 다음 세션에서 새로운 접근법을 시도하려 한다.

5. 대화의 의미 탐구

고객과 나눈 대화가 지닌 더 깊은 의미를 탐구한다.

고객과 함께 이 의미를 탐색하며, 코칭을 통해 더 나은 방향으로 나아갈 길을 찾는다.

코칭은 방정식을 넘어선 우주

코칭 사례 - Global 중견기업 임원 코칭

　　　　　프랑스계 글로벌 중견기업에서 중견 간부를 대상으로 한 코칭 프로젝트를 진행했다. 연 매출 500억 규모의 이 기업은 중간 관리자 10명을 대상으로 7회의 일대일 코칭과 그룹 코칭을 결합한 하이브리드 프로그램을 설계했다. 그러나 코칭에 참여한 한 임원은 회사의 지시로 인해 비자발적으로 코칭을 시작했으며, 처음부터 강한 거부감을 드러냈다. 첫 두 세션은 표면적인 대화에 머물렀고, 고객은 굳은 표정과 닫힌 태도로 방어적인 자세를 취했다.

　사전 인터뷰에서 동료들은 그 임원에 대해 "소통 부족, 이기적인 태도, 부하 육성에 무관심"이라는 부정적 평가를 내놓았다. 이 정보는 고객을 이해하는 데 도움을 줄 수도 있었지만, 동시에 코치인 나에게도 부정적 선입견을 심어주었다. 고객을 있는 그대로 바라보기 어렵게 만들고, 고객 역시 코칭의 진정성에 의문을 품게 할 가능성이 있었다. 이에 따라 코칭이 더 이상 진전되지 않자, 나는 경험 많은 슈퍼바이저를 찾아 자문을 구하며 코칭 방향성을 재점검했다.

코칭, 방정식을 넘어선 우주

코칭은 "Input = Output"이라는 단순한 방정식으로 정의될 수 없다. 코칭의 성과는 코칭 세션 도중 혹은 세션 사이, 심지어 코칭이 끝난 이후에도 나타날 수 있다. 하지만 나는 첫 두 세션에서 뚜렷한 결과를 내지 못한 데 대한 조급함에 사로잡혀 있었다. 슈퍼바이저는 이러한 나의 태도를 지적하며, "코칭은 방정식이 아니고 과학도 아니다. 코칭은 우주다"라는 말을 전했다.

이 말은 내가 코칭의 본질을 다시 생각하도록 만들었다. 코칭은 고객을 특정 방향으로 강요하거나 단기간에 가시적 변화를 만들어내는 과정이 아니다. 그것은 고객과 함께 탐색하며, 서로 배우고 기다리는 여정이다. 성과를 강박적으로 추구하기보다, 고객이 자신의 길을 찾을 수 있도록 돕는 과정 자체를 신뢰하는 태도가 필요하다.

코치부터 코칭을 받아야

슈퍼바이저는 첫 세션에서 내가 어떤 상태였는지 되돌아보라고 했다. 나는 교통체증으로 인해 초조한 마음으로 약속 시간에 겨우 도착했고, 평소 코칭 전 준비 과정은 생략한 채 세션을 시작했다.

평소에는 세션 전에 20분 정도 호흡을 가다듬고, 마음의 평정을 유지하며 고객과의 대화를 준비하는 루틴을 따랐다. 그러나 이 과정 없이 시작된 세션에서 나는 이미 준비되지 않은 상태였다.

슈퍼바이저는 코치인 나의 상태가 코칭에 어떤 영향을 미쳤는지 묻고, 나 자신의 감정을 성찰하도록 도와주었다. 고객이 코칭 세션에서 방어적인 태도를 보였던 원인 중 하나는 내가 이미 부정적인 스토리에 갇혀 있었기 때문일지도 모른다. 고객의 거부감과 불만을 판단하며, 이 코칭이 어렵겠다는 나만의 스토리를 만들어낸 것은 아닌지 돌아보게 되었다.

갇혀 있는 스토리에서 빠져나와야

슈퍼바이저와의 대화 중, 나는 고객이 아니라 나 자신이 갇혀 있었다는 사실을 깨달았다. 고객의 방어적인 태도를 단순히 '이 고객은 코칭에 부정적이다'라는 스토리로 해석하고, 그 스토리 안에 스스로 갇혀 있었던 것이다. 슈퍼바이저는 내게 "고객이 자신의 부정적 스토리에서 빠져나오길 원한다면, 먼저 코치인 당신이 스스로의 스토리에서 벗어나야 한다"라고 말했다.

이 말은 강렬하게 다가왔다. 고객이 변화할 수 있는 공간을 열어주려면, 나 스스로가 만들어낸 선입견과 판단에서 벗어나야 한다는 것을 깨달았다. 나는 고객의 반응과 태도에 과도하게 집착하며, 문제를 단순화하거나 과대 해석하는 오류를 범하고 있었다.

코치로서 내려놓아야 하는 것

슈퍼바이저는 나에게 오른손을 힘껏 쥐고, 왼손
으로 그것을 감싸보라고 했다. "이제 손을 천천히 펴보세요. 어떤 느낌
이 드나요?"라는 질문에 나는 "손에 힘이 빠지고 부드러워졌어요"라고
답했다. 슈퍼바이저는 이어 물었다. "코칭 과정에서 당신이 그렇게 꽉
쥐고 있는 것은 무엇인가요? 그리고 무엇을 내려놓아야 할까요?"

이 단순한 실습은 내게 큰 깨달음을 주었다. 나는 고객의 반응과 결과
에 과도하게 집착하고 있었다. 코칭 과정이 뜻대로 되지 않을 때마다 불
안감과 좌절감을 느꼈고, 이는 오히려 세션의 흐름을 방해했다. 코칭은
고객의 여정이며, 코치는 그 여정을 함께 걷는 동반자라는 사실을 다시
한번 깨달았다. 내가 붙잡고 있었던 것은 고객의 변화에 대한 지나친 책
임감과 성과에 대한 조급함이었다.

이제 나는 그것들을 내려놓고, 고객과 함께 열린 마음으로 코칭의 여
정을 탐색하기로 결심했다. 코칭은 고객의 변화를 강요하는 것이 아니
라, 고객과 함께 새로운 가능성을 발견하는 과정이라는 것을 다시금 깨
닫게 되었다.

마무리하며

       이번 코칭 사례는 내가 코치로서 성장하는 데 있어 중요한 전환점이 되었다. 고객의 변화를 이끄는 데 있어 코치 자신의 상태와 태도가 얼마나 중요한지 깨달았고, 준비되지 않은 상태로는 세션에 온전히 집중할 수 없다는 사실을 배웠다.

  앞으로는 고객의 선입견을 배제하고 그를 있는 그대로 바라보며, 코칭 과정을 신뢰할 것이다. 코치로서 무엇을 내려놓아야 하는지 끊임없이 성찰하며, 코칭의 진정한 본질에 더 가까워지고자 한다.

질문에서 답을 찾다, 코칭과 리더십의 교차점

대기업 임원들을 대상으로 리더십 특강을 진행하며, 참석자들로부터 다양한 질문이 제기되었다. 이러한 질문들은 코칭을 처음 접하는 리더들이 흔히 가지는 궁금증을 반영하고 있었다. 초반에는 다소 도전적이고 부정적인 시각이 담긴 질문도 있었지만, 이를 하나하나 풀어가며 대화를 이어가는 과정에서 분위기는 점차 긍정적으로 전환되었다.

이 기업은 급변하는 IT 환경 속에서 혁신과 변화를 요구받고 있었다. 이에 따라 초임 임원급을 대상으로 한 코칭 프로그램이 도입되었고, 특강은 그 초석이 되는 자리였다. 참석자들은 각자의 업무 현실에서 우러나온 생생한 질문을 던졌고, 그 답변 과정은 코칭의 본질과 가능성을 이해하는 계기가 되었다. 그중 주요 질문과 답변은 아래와 같다.

Q: 코칭과 멘토링, 티칭은 어떻게 다른가요?

A: "좋은 질문입니다. 간단히 말해, 멘토링과 티칭, 트레이닝은 이미 정해진 경로를 안내하는 방식입니다. 멘토나 교사는 목표까지 가는 길을

알고 있고, 그 길을 따라가도록 돕죠. 반면 코칭은 정해진 경로가 없습니다. 고객과 코치가 함께 최적의 길을 찾아가는 탐험에 가깝습니다."

잠시 멈춘 뒤, 참석자들을 둘러보며 다시 질문을 던졌다.

"여러분이 지금까지 멘토링이나 티칭을 통해 답을 받았던 경험과, 스스로 답을 찾아냈던 경험 중 어느 쪽이 더 오래 기억에 남으셨나요?"

Q: 왜 코칭에서는 '경청'과 '인정, 칭찬'이 그렇게 강조되나요?

A: "좋은 질문입니다. 경청과 칭찬은 코칭의 기본이자 가장 강력한 도구입니다."

참석자 중 한 명이 흥미롭다는 표정으로 추가 질문을 던졌다.

"그렇다면 왜 다른 리더십 도구와 비교해 코칭에서 특히 강조되는 걸까요?"

"사실 경청과 칭찬은 리더십 전반에 걸쳐 중요한 역할을 합니다. 하지만 코칭에서는 고객의 잠재력과 내면을 끌어내는 데 초점이 맞춰져 있으므로, 이 두 가지가 더욱 부각됩니다. 단순히 문제를 해결하기 위해 조언을 주는 것이 아니라, 고객 스스로 해답을 찾아가도록 돕는 과정에서 경청과 칭찬은 필수적이죠. 이는 리더가 구성원과 신뢰를 쌓고, 변화를 이끌어내는 데도 효과적입니다."

Q: 코칭과 상담은 어떻게 다른가요?

A: "상담과 코칭은 경청과 인정이라는 공통된 도구를 사용하지만, 방향성이 다릅니다."

나는 한 교육 참석자의 명쾌한 비유를 인용하며 말했다.

"어떤 분이 이렇게 표현하셨어요. '상담은 마이너스에서 제로로, 코칭은 제로에서 플러스로 나아가는 과정이다.' 이 표현이 이해에 도움이 되실 겁니다. 상담은 과거의 상처를 치유하고 현재의 안정감을 찾는 데 초점을 둡니다. 반면, 코칭은 현재를 기반으로 미래의 성장을 실현하는 데 중점을 둡니다. 그래서 둘은 완전히 다른 역할을 가진 도구라고 할 수 있죠."

Q: 바쁜 업무 환경에서 코칭이 비효율적이지 않을까요?

A: "맞는 말입니다. 바쁜 일정 속에서 코칭이 비효율적으로 느껴질 수도 있습니다. 그런데 이런 상태가 5년간 지속된다면 어떤 일이 벌어질까요?"

잠시 침묵이 흘렀다. 한 참석자가 천천히 입을 열었다.

"큰일나겠죠. 혁신도 없고, 팀도 지치겠죠."

나는 고개를 끄덕이며 물었다.

"지금, 이 순간 어떤 생각이 드시나요?"

참석자는 고개를 숙이고 대답하지 않았다. 나는 미소를 지으며 물었다.

"혹시 대답이 된 것 같나요?"

Q: 리더는 구성원의 모든 욕구를 해결해야 하나요?

A: "아닙니다. 리더의 역할은 구성원의 모든 요구를 해결하는 것이 아니라, 그들의 진정한 욕구를 이해하고, 함께 해결책을 찾는 것입니다."

나는 한 예시를 들어 설명했다.

"급여에 대한 불만이 제기된다고 가정해 봅시다. 이것은 단순히 금전적 문제로 보이지만, 그 이면에는 인정받고 싶은 욕구가 숨겨져 있을 수 있습니다. 이러한 숨은 욕구를 발견하는 과정이야말로 리더십의 핵심입니다. 진정한 욕구를 이해하면 신뢰가 쌓이고, 구성원과 함께 해결 방안을 찾을 수 있습니다."

Q: 부진한 성과에도 칭찬해야 하나요?

A: "성과가 부진한 상황에서 칭찬은 오히려 역효과를 낼 수 있습니다. 하지만 칭찬은 단순히 성과를 미화하는 도구가 아닙니다."

나는 예시를 들며 설명을 이어갔다.

"60점의 성과를 낸 부하직원을 100점으로 칭찬할 수는 없습니다. 하지만 60점이라는 성과에도 긍정적인 면이 있을 겁니다. 이를 발견해 인정하고, 부족한 점에 대해서는 명확히 피드백해야 합니다. 칭찬은 평가를 대체하는 것이 아니라, 신뢰를 바탕으로 성장할 수 있도록 돕는 도구입니다."

Q: 골프를 좋아하세요? 같은 질문도 항상 닫힌 질문인가요?

A: "좋은 질문입니다. 같은 질문도 상황과 대상에 따라 다르게 작용할 수 있습니다. 골프를 좋아하는 사람에게는 풍부한 대화로 이어질 수 있는 열린 질문이 될 수 있지만, 골프를 모르는 사람에게는 '아니요'로 끝나는 닫힌 질문이 될 수 있습니다. 질문의 효과는 상대방의 관심사와 맥락에 따라 달라지기 때문에, 상대를 충분히 이해한 뒤 적합한 질문을 던지는 것이 중요합니다."

Q: 50대 이후에도 변화를 기대할 수 있나요?

A: "50대에 접어들면 변화가 어렵다고 생각할 수 있습니다. 그러나 변화는 가능하고, 코칭은 이를 돕는 과정입니다."

나는 50대 리더의 코칭 사례를 언급했다.

"코칭을 통해 자신을 깊이 성찰하고, 새로운 가능성을 발견한 리더들이 많습니다. 이는 단순히 행동을 바꾸는 것이 아니라, 자신을 더 잘 이해하고, 사고방식을 전환하는 과정입니다. 나이를 이유로 변화를 두려워할 필요는 없습니다. 오히려 그 연륜이 코칭을 통해 새로운 통찰을 얻는 밑거름이 됩니다."

코치의 여정, 부족함과 함께 성장하기

코칭을 시작하며 나는 "훌륭한 코치가 되겠다"라는 목표를 세웠다. 코치로서의 여정을 시작한 이상, 최고의 코치가 되고 싶다는 포부는 자연스럽고 당연했다. 그러나 아이러니하게도, 그 목표를 설정한 순간부터 나의 부족함이 더욱 선명하게 드러나기 시작했다.

그때부터 조바심이 일었다. 목표와 현재의 나를 비교하니 그 간극이 크게 느껴졌다. 해결해야 할 과제들이 산더미처럼 쌓여 보였다. 인문학적 소양을 쌓고, 코치로서의 인성을 다듬으며, 자격증까지 갖추어야 했다. 그 와중에 회사 생활에서 몸에 밴 습관도 여전히 나를 지배했다. "목표를 정했으면 달성할 때까지 저돌적으로 밀어붙인다"라는 태도였다.

하지만 이는 끝이 보이지 않는 여정이었다. 5년, 10년, 아니 평생 걸려도 달성하지 못할 수도 있다는 두려움이 밀려왔다. 세션이 끝날 때마다 아쉬움이 남고, 부족함은 점점 깊어졌다. 그것은 망설임으로, 망설임은 두려움으로, 두려움은 자괴감으로 이어지며 나를 압박했다. 성공한 내담자를 만날 때는 더 큰 부족감을 느꼈고, 난해한 내담자를 만날 때는 두려움이 장벽처럼 다가왔다. 이따금 내가 코치의 길을 선택한 것이 과연 옳았는지 의문이 들기도 했다.

어떤 코치가 되어가고 있습니까?

이런 고민을 안고 코칭계의 멘토 코치를 찾아갔다. 그는 첫 대화에서 나에게 질문을 던졌다.

"코치님은 어떤 코치가 되어가고 있습니까? As a Coach, What are you becoming?"

순간 멈칫했다. Becoming? 지금까지 "어떤 코치입니까?" 혹은 "어떤 코치가 되고 싶습니까?" 같은 질문은 익숙했지만, "어떤 코치가 되어가고 있느냐"는 질문은 처음이었다.

나는 조심스럽게 답했다.

"매우 부족하지만, 열심히 채워나가고 있습니다."

그러자 멘토는 미소 지으며 되물었다.

"저는 어떤 코치로 보이세요?"

나는 한참을 망설였다. 그러자 그가 말했다.

"저도 부족함을 느껴요. 잘 된 코칭도 있지만, 항상 그런 건 아니랍니다."

그의 대답은 충격이었다. 심리상담 박사 학위를 받고, MCC(마스터 인증 코치)와 국제 슈퍼바이저 자격까지 보유한, 내가 목표로 삼는 정상에 있는 분이 스스로 부족함을 느낀다니. 예상 밖의 답변이었지만, 그 진솔함이 마음 깊이 와닿았다.

Being으로서의 코칭

그 순간 깨달음이 스쳐 지나갔다. 멘토는 내 표정의 변화를 읽고 물었다.

"표정이 달라지셨는데, 무슨 생각이 드셨나요?"

나는 답했다.

"제가 지금 새로운 문턱을 넘고 있군요."

"어떤 마음이 드시나요?"

"부족하다는 생각이 사라지고, 희망이 떠오릅니다."

그 대화는 내 사고방식을 송두리째 바꾸었다. 나는 여전히 목표 지향적인 태도로 코칭을 대하고 있었다. 과거 직장에서 익숙했던 "열심히 하면 목표를 이룬다"라는 Doing의 사고방식을 코칭에도 그대로 적용했던 것이다. 그러나 코칭은 목표를 달성하는 Doing이 아니라, 존재 자체를 탐구하는 Being의 과정이라는 점을 깨달았다. Being은 도달해야 할 목적지가 아니라, 끝임없이 진행되는 여정이었다.

부족함을 내려놓다

나는 내가 느꼈던 부족함이 진짜 부족함이 아니었음을 깨달았다. 그것은 스스로 만들어낸 자격지심이었다. 이런 마음의 짐을 어깨에 짊어진 채 코칭을 하니 내담자 앞에서 위축되었고, 특히 성공한 CEO나 나보다 뛰어나다고 느껴지는 내담자들을 만나면 그 짐은 더욱 무거워졌다. 이제는 부족함을 인정하고, 그 취약성을 있는 그대로 받아들이는 것이 진정한 코치의 모습이 아닐까 하는 생각이 들었다.

그렇게 다음 세션을 준비하며, 마음의 짐을 조용히 내려놓았다. 그러자 놀라운 일이 일어났다. 내담자와 나 사이에 느껴지던 벽이 낮아지고, 대화가 자연스러워졌다. 내담자는 두 번의 코칭을 거치며 굳게 닫혀 있던 마음을 서서히 열기 시작했다. 이전에는 어렵게만 느껴졌던 내담자가 이제는 사랑스러운 후배처럼 보였다. 세 번째 세션은 예상치 못했던 즐거운 분위기 속에서 마무리되었다.

나는 깨달았다. 코칭이 어려웠던 진정한 이유는 내 어깨 위에 얹혀 있던 무거운 짐 때문이었다. 그리고 그 짐은 스스로 만든 것이었다. 이제는 부족함과 함께 성장하며, 코치로서의 여정을 천천히 걸어가고자 한다.

KAC 자격시험을 준비하는 코치에게 보내는 편지

KAC 자격시험을 준비하는 새내기 코치 여러분께,

현재 저는 KAC 코치 자격시험에 도전하는 분들을 대상으로, 상위 코치의 자격으로 코더코(코치 더 코치) 역할을 지원하고 있습니다. 이 과정에서 얻은 통찰과 경험을 바탕으로, KAC 심사 과정을 준비하는 새내기 코치님들과 몇 가지 중요한 팁을 나누고자 합니다.

코치의 길을 걷기로 결심하셨다면, 한국코치협회(KCA)의 자격 과정을 통과해야 합니다. 그중 KAC는 코칭 기본기를 얼마나 충실히 이해하고 적용할 수 있는지를 평가하는 첫 관문입니다. 그러나 많은 응시자가 이러한 기본 사항을 간과하고, 제한된 시간 내에 내담자의 문제를 완벽히 해결하려는 부담감에 사로잡히곤 합니다. 20분이라는 짧은 시간 동안 문제 해결과 성찰을 모두 끌어내려는 시도는 고도로 숙련된 전문 코치도 쉽지 않은 일입니다.

기본기의 중요성: '똑딱이' 과정의 비유

KAC 과정을 골프의 '똑딱이' 과정에 비유해 보겠습니다. 초보 골퍼는 처음부터 드라이버를 휘두르려 하지만, 기본적인 자세와 스윙을 반복 연습하지 않으면 일관된 결과를 얻을 수 없습니다. 마찬가지로 KAC는 코칭 기본기를 반복적으로 익히는 과정입니다. 이 단계에서 기본기를 탄탄히 다지지 않으면, 코칭의 본질을 놓친 채 겉으로 화려한 기술만 구사하려는 오류를 범할 수 있습니다.

KAC 실기시험은 20분 동안 코칭의 기본기를 얼마나 충실히 구현하는지를 평가합니다. 화려한 기술보다는 코칭의 기본 원칙과 절차를 충실히 따르는 것이 가장 중요한 평가 기준입니다. 이를 위해 한국코치협회에서 제공하는 **'KAC 심사 평가표'**는 응시자들이 반드시 숙지해야 할 지침서입니다. 평가표에 명시된 20개 항목은 기본기를 제대로 이행했는지 확인하는 핵심 도구입니다.

실제로 뛰어난 코칭 실력을 인정받는 응시자도 KAC 시험에서 불합격하는 사례가 종종 발생합니다. 이는 기본기를 무시하고 코칭의 풀스윙에 해당하는 복잡한 접근을 시도했기 때문일 가능성이 큽니다. 기본기를 탄탄히 익히지 않은 상태에서 복잡한 코칭을 시도하면, 일관성과 코칭의 본질을 놓치게 됩니다.

평가표를 활용한 효과적인 연습 방법

KAC를 준비하시는 분들께 드리는 가장 중요한 조언은, 화려한 코칭 기술을 선보이려는 부담감을 내려놓는 것입니다. 대신, **'KAC 심사 평가표'**를 철저히 분석하고, 이를 기준으로 코칭 연습을 반복적으로 수행해 보시기 바랍니다.

평가표를 활용한 연습은 자신의 강점과 개선점이 무엇인지 객관적으로 파악할 수 있는 유용한 도구가 됩니다. 예를 들어, 평가표 항목을 기준으로 녹음된 코칭 세션을 점검하며 부족한 부분을 확인하면, 다음 연습에서 더욱 발전된 모습을 보일 수 있습니다. 이러한 과정은 단순히 시험 준비를 넘어, 코치로서의 기본기를 다지는 데 필수적인 훈련이 됩니다.

마무리하며

이 글이 실기시험을 준비하며 겪을 수 있는 시행착오를 줄이고, 준비 과정에 조금이나마 도움을 드릴 수 있기를 바랍니다. 코칭은 단순히 자격을 취득하는 것을 넘어, 지속해서 배우고 성장하는 여정입니다. KAC는 그 첫걸음이자, 훌륭한 코치로 거듭나는 여정을 시작하는 중요한 관문입니다.

KAC를 준비하는 모든 새내기 코치님이 즐겁고 효율적으로 연습하시길 바랍니다. 멋진 코치로 성장하셔서 언젠가 현장에서 만나 뵙기를 고대합니다. 여러분의 성공을 응원합니다!

　감사합니다.

열정의 재점화, 4년 차 코치의 자기 성찰

　　　　　　　　　　나는 4년 차 전문 코치입니다. 지난 3년 반 동안
전문 코치가 되기 위해 열정적으로 노력해 왔습니다. 코칭과 인문학 관
련 다양한 교육을 이수하고, 실습을 통해 실력을 쌓아왔습니다. 현장에
서는 리더들, 대학생들, 스타트업 CEO들을 대상으로 1,200시간 이상의
코칭을 진행했습니다. 이 과정에서 KAC, KPC, PCC, 코칭슈퍼바이저,
Gallup 강점 코치 등 여러 자격증도 취득했습니다.

　그러나 3년 반이 지난 지금, 코치로서의 성장을 되돌아보며 회의감이
밀려옵니다. 그동안 투자한 시간, 비용, 노력이 과연 나의 코칭 역량 향
상에 얼마나 이바지했을까 자문하게 됩니다. 많은 자격증이 이를 증명할
수 있을까요? 긴 코칭 시간이 곧 나의 코치로서 능력을 입증할 수 있을까
요? 스스로에게 끊임없이 질문을 던집니다.

　코칭에서 가장 중요한 것은 내담자의 성과입니다. 내담자가 코칭을 통
해 얼마나 깊이 성찰하고 성장했는지가 코칭의 효과를 가늠하는 핵심 요
소입니다. 이 효과에 따라 코치의 역량이 평가됩니다. 그러나 처음 코칭
을 시작했을 때 만났던 기업의 팀장들과 현재의 내담자들을 비교해 보

면, 그들의 만족도에 큰 차이가 없는 것 같습니다.

물론 코칭의 성과, 즉 내담자의 성과나 만족도를 객관적으로 측정하기는 매우 어렵습니다. 이는 코칭 업계 전반의 고민이기도 합니다. 어쨌든 나의 경우, 코치로서의 성장을 돌아보면 딱히 긍정적인 평가를 하기 어렵습니다. 오히려 처음 코칭을 대했을 때의 설렘과 내담자에 대한 깊은 호기심이 그리워집니다. 그때 만났던 내담자들은 대부분 만족했던 것 같습니다.

지금은 수많은 내담자를 만나면서 그들의 코칭 주제가 대부분 중복되어 보입니다. 코칭을 대하는 나의 마음가짐도 예전만큼 긴장감 있지 않고 다소 안일해진 듯합니다. 특별한 준비 없이도 코칭을 진행하는 데 큰 어려움을 느끼지 않습니다. 코칭이 편안해졌다고는 하나, 지금 느끼는 이 정체감은 무엇일까요.

처음 코칭을 접했을 때는 어두운 동굴에 들어와 손전등으로 주변을 비췄을 때의 신선한 설렘이 있었습니다. 지금은 동굴 전체에 형광등이 켜진 듯 모든 것이 뻔히 보이는 느낌입니다. 긴장감도, 호기심도 줄었고, 내담자의 상황도 대략 짐작이 되니 특별한 준비가 필요 없게 느껴집니다.

다음 상위 코치 자격인 KSC 준비도 큰 의미를 찾지 못하고 있습니다. 정해진 프로세스와 평가표를 기계적으로 따르는 것이 과연 나의 코칭 실력 향상과 어떤 연관이 있을지 의문입니다. 더구나 상위 코치들의 모습에서도 특별한 영감을 얻지 못하고 있습니다. 오히려 어떤 상위 코치들은 시험 통과를 위한 기술만을 전수할 뿐, 진정한 코치의 모습은 찾아보기 어려울 때도 있습니다.

한때 코칭에 대한 열정과 호기심으로 가득했던 나는 이제 반복되는 주제와 익숙한 환경에 안주하고 있습니다. 마치 활활 타오르던 불꽃이 서서히 사그라지듯, 코칭에 대한 열정도 점차 희미해져 갑니다. 이대로 계속된다면, 평범한 코치로 머무를 것이라는 두려움이 엄습해 옵니다.

처음 코칭을 시작했을 때의 열정과 호기심을 되찾고, 내담자의 성장을 진정으로 돕기 위해 무엇을 할 수 있을지 깊이 성찰해야겠습니다. 초심의 설렘을 회복하고, 내담자의 성장을 진심으로 돕는 훌륭한 코치가 되기 위해, 지금 필요한 것이 무엇인지 다시 한번 고민해 봐야 합니다. 이 여정이 순탄치만은 않겠지만, 나는 다시 그 길을 걷고자 합니다.

왜냐하면 그 길 끝에서 진정한 나의 모습을 만날 수 있을 것이기 때문입니다.

아주 작은 경청의 위대한 힘

신입사원 시절, 나는 화공 엔지니어로 본사에 근무하고 있었다. 어느 날 울산 공장으로 안전 환경 부서와의 실무 미팅 참석차 출장을 가게 되었다. 당시 울산 출장 시에는 해당 부서의 팀장과 담당 임원을 먼저 찾아가 인사를 드리는 것이 불문율이었다.

팀장님은 평소에도 자주 만나는 사이라 가벼운 인사로 충분했다. 하지만 문제는 안전 환경 담당 임원과의 대면이었다. 그는 매우 도전적이고 부하직원들에게 어렵고 무서운 상사로 회사에 정평이 나 있었다. 어떤 직원도 그의 방에서 좋은 소리를 듣고 나온 적이 없다는 소문이 파다했다. 본사에서 출장 온 이상 그의 방문은 피할 수 없는 관문이었다.

출장 당일, 울산에 도착해 팀장님을 뵙고 인사를 드렸다. 팀장님은 담당 임원의 심기가 최근 좋지 않으니 각별히 조심하라는 당부와 함께 나를 내보내셨다. 두근거리는 마음과 두려움, 긴장감을 안고 임원 비서에게 나의 도착을 알렸다. 첫인상은 예상한 그대로였다. 차가운 인상, 날카로운 눈매, 위압적인 태도, 무서운 호랑이 같은 분위기였다. "누구냐? 어느 부서야? 무슨 일을 하고 있나?" 등의 질문이 이어졌다. 얼어붙은 표정으로 간단히 임원의 질문에 답하며 긴장한 채 자리에 앉아있었다.

그는 자신이 공장의 첫 안전 환경 담당 임원이 되어 부담이 크다는 이야기를 시작으로, 공장에서 발생하는 각종 사고를 하나하나 들려주기 시작했다. 그의 이야기가 점점 흥미진진해져 나도 모르게 빠져들었다. 그가 임원이라는 사실도 잊은 채, 그저 이야기에 심취해 열중하게 되었다.

그는 잠시 내 표정을 살피더니 멈추지 않고 자신의 이야기를 이어갔다. 입사 시절의 신입사원 시절부터 프로젝트 수행 경험, 최근 공장의 분위기까지... 쉴 새 없이 이야기는 계속되었고, 어느덧 두 시간이 훌쩍 지나갔다. 임원 비서가 들어와 회의 일정을 알리지 않았다면 그의 이야기는 더 이어졌을 것이다. 나는 첫인사 몇 마디를 건네고, 그의 이야기를 두 시간 동안 경청했을 뿐이었다. 그와의 첫 만남은 그렇게 마무리되었다.

혼나지 않았다는 안도감을 안고 임원실을 나와 출장 일정을 무사히 마치고 본사로 복귀했다. 이틀 후, 과장님이 갑자기 나를 호출했다.

"야, 너 어떻게 했길래 OO 임원이 너를 그렇게 칭찬하더라."

"네?" 나는 영문을 몰라 되물었다.

"신입사원 하나 똘똘한 놈 잘 받았다고 칭찬을 많이 하더라. 예의도 바르고, 실력도 좋다고... 그 어려운 분에게 어떻게 그렇게 잘 보였나?"

세상에, 나는 그저 그의 이야기를 경청했을 뿐인데... 특별히 한 것도 없었다. 단지 그분의 이야기에 호기심을 갖고 귀 기울였을 뿐인데, 어느새 나는 대단한 신입사원이 되어 있었다.

아주 작은 경청이 만들어낸 위대한 힘이었다.

이 경험을 통해 나는 경청의 중요성을 깊이 깨달았다. 사람은 누구나 자신의 이야기를 들어주는 이에게 호감을 느낀다. 특히 상대가 어렵고 권위적인 사람일수록 그 효과는 더욱 강력하다. 경청은 단순히 귀로 듣는 물리적 행위가 아니다. 마음으로 듣고, 상대의 이야기에 공감하며, 진심 어린 관심을 기울이는 것이다. 이 적은 노력이 사람과 사람 사이의 벽을 허물고, 신뢰를 쌓는 강력한 힘이 될 수 있다.

경청의 힘은 미미해 보이지만, 그 영향력은 실로 크다. 그날의 경험은 내 직장 생활의 나침반이 되는 소중한 교훈이 되었다. 어떠한 상황에서도 상대의 이야기에 귀 기울이는 자세, 그것이야말로 진정한 소통의 시작점임을 깨달았다.

코칭에서도 내담자와의 첫 만남에서 가장 중요한 것은 신뢰 구축이다. 신뢰를 쌓는 가장 빠른 방법이자 기본은 내담자에게 온전히 집중하고 그의 말에 귀 기울이는 것이다. 코칭에서 경청을 특히 강조하는 이유가 바로 여기에 있다. 상대방의 말에 집중할 때 서로의 마음에 다리가 놓이고 신뢰의 전류가 흐르게 된다.

경청은 가장 높은 경지의 대화 기법이다. 경청을 통해 내담자와 신뢰를 쌓고, 현장에서는 구성원과의 벽을 허물어야 한다. 이는 세상을 변화시키는 첫걸음이기도 하다.

세대를 넘어선 코칭의 마법,
한 대학생과의 다섯 번의 만남

대학교 4학년 학생과의 코칭 인연으로, 다섯 번에 걸친 세션을 진행했다. 세션은 1~2주 간격으로 이루어졌고, 처음 시작은 다소 어색했다. 세대 차이와 환경 차이가 큰 장벽처럼 느껴졌기 때문이다. 그러나 시간이 흐르면서 대화는 점차 자연스러워졌고, 마지막 세션에서는 서로 깊이 연결된 감정을 나누었다.

고객은 "아버지 같은 분이신데, 아빠한테도 하지 못할 이야기를 편하게 했다"라고 말했고, 나 역시 "우리 딸에게도 하지 못할 이야기를 당신과 나눌 수 있었다"라고 고백했다. 그 순간, '이것이 바로 코칭이구나'라는 깨달음이 찾아왔다. 잠시나마 내가 코칭을 잘하고 있다는 기분 좋은 착각에 빠질 수 있었다.

세션이 종료된 후, 고객이 보내온 감사 메시지는 코칭을 돌아보게 하는 깊은 울림을 주었다.

고객이 전한 감사의 메시지

　　　　　　　"코치님, 감사합니다! 코치님과 함께한 다섯 번의 세션 동안 정말 많은 것을 얻을 수 있었습니다.

　우선, 저 자신에 대해 더 깊이 알게 되었습니다. 처음 강점 검사를 제안 받았을 때는 '내 강점이라면 사교성이 좋다거나 말을 잘한다는 정도겠지?' 하고 막연히 생각했어요. 그런데 검사를 통해 저의 진정한 강점을 명확히 알게 되었고, 결과를 해석하는 과정에서 저 스스로를 새롭게 이해하게 되었습니다. 단순히 결과를 확인하는 것을 넘어, 코치님과 함께 각 강점의 의미를 해석하고, 그 활용 방안을 탐구하는 시간이 정말 소중했습니다.

　특히, 전체 강점을 하나씩 세밀하게 살펴본 과정은 저에게 깊은 인사이트를 주었습니다. 각 강점의 장단점을 분석하며, 그 특성이 저에게 얼마나 잘 맞는지, 또 주변 사람들에게서도 이런 특성을 발견할 수 있는지 돌아보았습니다. 이 과정은 저 자신뿐만 아니라 타인을 이해하는 데도 큰 도움이 되었습니다. 평소에는 '왜 저 사람은 저렇게 행동할까?' 하고 답답했던 부분들이, 강점 분석을 통해 '저 사람이 저런 행동을 하는 이유가 있구나' 하고 이해하게 되었어요.

　또한, 제 강점의 장점을 어떻게 활용할지 고민하면서, 그 이면이 타인에게 어떤 영향을 미칠지도 함께 성찰하게 되었습니다. 덕분에 더욱 신중하고 균형 잡힌 행동을 할 수 있게 되었어요.

　진로 고민에서도 큰 도움을 받았습니다. 원래는 교사가 되고 싶었지만, 마지막 학기에 취업으로 방향을 바꾸면서 막막함과 혼란에 빠져 있었거든요. 그런데 코치님 덕분에 제가 강점에 잘 맞는 분야를 찾을 수 있었고, 그 분야로 나아가기 위한 구체적인 조언도 얻을 수 있었습니다. 무엇보다, 제가 스스로를 '회색분자'라고 부르며 자신감을 잃었을 때, 코치님께서 "어떤 길을 선택하든 당신은 잘할 수 있다"라고 격려해 주셔서 큰 용기를 얻을 수 있었습니다.

　코칭 세션 동안 코치님은 단순히 제 자아 발견과 해결책 모색을 돕는 것을 넘어, 진정한 딸을 대하듯 저를 진심으로 대해 주셨습니다. 저는 그런 따뜻한 관심 덕분에, 아버지께도 하지 못했던 사소한 고민까지 털어놓을 수 있었습니다. 이 모든 시간이 저에게는 너무나 특별했고, 잊지 못할 경험으로 남았습니다. 정말 감사합니다!"

　고객의 메시지를 읽으며, 코칭의 본질에 대해 다시금 생각하게 되었다. 코칭은 단순히 문제를 해결하거나 목표를 달성하는 기술적 과정이 아니다. 그것은 서로의 이야기를 깊이 나누고, 상대방의 존재를 있는 그대로 받아들이는 인간적이고 진정성 있는 대화의 과정이다.

　이번 코칭 경험은 나에게도 소중한 배움의 시간이 되었다. 세대와 환경의 차이를 뛰어넘어, 진솔한 대화를 통해 연결될 때 코칭의 마법 같은 힘이 발휘된다는 것을 깨달았다. 고객이 자신감을 회복하고, 자신의 길을 구체화하며 성장해 가는 모습을 보면서 나 또한 큰 보람을 느꼈다.

코칭이란 결국 서로를 통해 배우고 성장하는 여정이다. 고객이 고백한 대로, 나는 그들과 함께 고민하고 대화하면서 나 자신을 돌아보게 된다. 이번 여정에서 만난 대학생 고객과의 다섯 번의 만남은, 내가 코치의 길을 걸어가며 오래도록 기억할 소중한 시간이 될 것이다.

Part 4

실전 코칭 사례로 알아보는
리더의 덕목

지은이 윤혁노

지난 33년간 리더로 성장하면서 여러 회사를 거치고 다양한 직무를 경험했다. 그때마다 각 회사의 독특한 문화와 경영 여건, 그리고 새로 맡게 된 직무 특성에 맞는 리더십 스타일을 찾아가는 것은 나의 영원한 화두였다. 되돌아보면, 미숙했던 나의 리더십을 한탄할 때도 있었고 부끄러운 순간도 많았지만, 여러 시행착오를 거쳐 나만의 스타일을 만들어가고 있는 중이다. 미래의 리더들이 나와 같은 시행착오를 거치지 않고 자신만의 리더십을 만드는 데 도움이 되길 바라는 마음으로 리더십 관련 코칭 사례를 정리해 보았다. 리더십 스타일에는 정답이 없으며, 조직과 리더 특성에 맞는 리딩 방법을 찾아가는 것이라는 점, 그리고 이 또한 학(學)과 습(習)을 통해 발전시킬 수 있다는 믿음이 있기 때문이다.

코칭, 그 아름다운 동행의 시작

"요즘 어떻게 지내세요?"

이 질문을 받을 때마다 나는 잠시 멈칫하게 된다. 퇴직 후 내 삶의 새로운 여정을 설명하려면 항상 긴 호흡이 필요하기 때문이다.

"예, 코칭을 하고 있습니다."

"그게 뭔데요?"

"아~, 코칭은..."

그리고 시작되는 10분간의 설명. 하지만 돌아오는 반응은 늘 비슷하다.

"일종의 컨설팅(혹은 멘토링)을 하시는구나..."

참 의아한 일이다. 세상에는 11,000명이 넘는 공인 코치들이 있는데, 아직도 많은 사람이 코칭을 낯설어한다. 마치 우리가 처음 스마트폰을 접했을 때처럼 말이다.

얼마 전, 지방의 한 중견기업에서 임원들을 만났다. 그들 앞에서 1시간 동안 코칭에 대해 열정적으로 이야기했다. 내 말을 듣는 그들의 눈빛에서 '과연?'하는 의구심이 느껴졌다. 그래, 이해한다. 나도 처음에는 그랬으니까.

사실 나도 코칭을 시작하면서 많은 고민과 불안을 안고 있었다. '내가 과연 누군가의 인생에 도움이 될 수 있을까?' '내 경험과 지식으로 충분할까?' 이런 생각들이 밤마다 나를 괴롭혔다. 하지만 깨달았다. 코칭은 내가 누군가에게 답을 주는 게 아니라, 그 사람 안에 있는 답을 함께 찾아가는 여정이라는 것을.

국제코칭연맹은 말한다. "코칭이란 고객의 개인적, 직업적 가능성을 극대화하기 위해 영감을 불어넣고, 사고를 자극하는 창의적 프로세스 안에서 파트너 관계를 맺는 것이다." 한국코치협회는 이렇게 정의한다. "코칭이란 개인과 조직의 잠재력을 극대화하여 최상의 가치를 실현할 수 있도록 돕는 수평적 파트너십이다."

아름다운 말들이다. 마치 시처럼 우아하게 정의되어 있다. 하지만 이런 멋진 말들이 일반 사람들의 마음에 와닿을까? 나는 종종 생각한다. 코칭은 어쩌면 '함께 걷는 동행'이라고 설명하면 어떨까? 힘들 때 옆에서 걸어주고, 넘어질 것 같을 때 살며시 손을 내밀어주는… 그런 따뜻한 동행 말이다.

이제는 안다. 내가 느꼈던 부족함과 불안이 오히려 나를 더 겸손하고 진정성 있는 코치로 만들어주었다는 것을. 그리고 그 과정에서 나 자신도 함께 성장하고 있다는 것을. 코칭은 결국 서로가 서로를 비추는 거울이 되어주는 여정인 것이다.

전략컨설팅업에 처음 몸담던 시절, 책상은 언제나 전쟁터였다. 특히 그날은 더했다. 텅 빈 파워포인트 화면만 뚫어지게 쳐다보며 밤을 지새우는데, 머릿속은 더 텅 비어만 갔다. 중간 Review까지 이제 이틀. 내가 맡은 모듈의 슬라이드는 달랑 백지상태. '이러다가 잘리는 거 아닌가?' 초조함이 목까지 차올랐다.

충혈된 눈으로 마우스만 잡았다 놨다 하는데, 옆자리 선배가 던진 말이 귓가에 맴돌았다. "막히면 혼자 끙끙대지 말고, 주변에 있는 아무나와 대화해라. 그러면 실마리가 잡힐 수도 있다."

처음엔 코웃음이 나왔다. '무슨 헛소리야. 프로젝트 내용도 모르는 사람이랑 얘기해서 뭘 어쩌겠다는 거지?' 하지만 절박한 심정에 옆자리에서 가장 한가해 보이는 컨설턴트를 붙잡았다. "담배 한 대 하실래요?"

담배 연기 속에서 나는 서툴게 내 고민을 풀어놓기 시작했다. 그는 내 말을 들으며 가끔 '그래서요?', '왜 그렇게 생각하세요?'라는 식의 질문을 던졌다. 솔직히 말하면 그의 질문은 전혀 도움이 되지 않아 보였다. 그저 형식적인 리액션이라고만 생각했다.

하지만 이상한 일이 일어났다. 그의 질문에 대답하면서, 내 머릿속이 서서히 정리되기 시작한 것이다. 마치 실타래가 하나둘 풀리듯이. 심지어 그가 묻지도 않은 것들에 대해 스스로 질문하고 답하기 시작했다. "아, 이 부분은 이렇게 접근하면 되겠다!", "여기는 이런 분석이 필요하겠네."

리더에서 코치로 ──────

지금 생각해 보면 웃음이 난다. 내가 말하는 동안 그는 그저 담배만 뻐끔뻐끔 피우며 어이없다는 표정으로 나를 쳐다보고 있었으니까. 하지만 그 짧은 시간, 그의 무심한 존재감이 오히려 내 생각을 자유롭게 흘러가게 했던 것 같다.

그렇게 10분 남짓한 시간. 담배 두어 대를 피우는 동안 내 모듈의 스토리라인이 희미하게나마 모습을 드러냈다. 어떤 분석이 필요한지, 어떤 방향으로 접근해야 할지가 머릿속에서 그려지기 시작했다. 마치 안개 속에서 길이 보이기 시작하는 것처럼.

그때는 몰랐다. 이것이 바로 코칭의 본질이라는 것을. 누군가의 현명한 조언이나 해답이 아니라, 그저 곁에서 묵묵히 들어주는 것. 때로는 서툴고 어설픈 질문 하나가 내 안에 잠든 답을 깨우는 방아쇠가 될 수 있다는 것을. 우리 모두의 내면에는 이미 답이 있다. 다만 때때로 그것을 끄집어내는 데 필요한 건, 그저 귀 기울여 들어주는 사람의 존재 하나면 충분한 것이다.

그날의 담배 타임이 내게 준 깨달음은 컨설턴트로서의 경험을 넘어, 지금의 코치로 살아가는 나의 철학이 되었다. 때론 무심한 듯한 질문 하나가 사람의 인생을 바꾸는 전환점이 될 수 있다는 진리를 배웠기 때문이다.

"왜 그렇게 생각하세요?"

"그렇게 말씀하시는 고객님의 진심은 무엇인가요?"

초보 코치인 내가 던지는 이런 소박한 질문들. 확신 없이, 가끔은 직관적으로 던진 이 질문들이 고객의 눈빛을 반짝이게 하는 순간들을 마주친다. 마치 내 안에 있던 답을 발견했던 그날처럼, 고객들도 자신 안의 보물을 발견하는 순간이다. 그럴 때마다 나는 생각한다. '이것이 바로 대화의 마법이구나.'

특히 신뢰라는 편안한 공기가 감도는 공간에서 이뤄지는 대화는 더욱 강력하다. 마치 따뜻한 봄날, 창문을 활짝 열어놓고 드라이브를 하는 것처럼. 고객은 자신의 이야기를 펼쳐내고, 그 과정에서 스스로가 가진 해답을 발견해 간다. 이것이야말로 내가 깨달은 코칭의 진정한 매력이다.

그래서 나는 코칭을 이렇게 정의하고 싶다.

"고객(운전사)과 코치(조수) 두 사람이 신뢰라는 고속도로 위를, 대화라는 차를 타고 달리면서, 고민의 터널을 빠져나가 목적지에 도달하는 것"

이 여정에서 코치는 그저 조수석에 앉아 때로는 지도를 펼쳐보고, 때로는 창밖 풍경을 짚어주는 동반자일 뿐이다. 진정한 운전자는 언제나 고객 자신이다. 그들은 이미 자신의 문제를 가장 잘 이해하고 있고, 해결책도 품고 있는 창의적인 존재니까.

신뢰와 대화. 이 두 개의 기둥이 코칭이라는 건축물을 떠받치고 있다. 마치 새의 두 날개처럼, 하나라도 없다면 비상할 수 없는 필수 불가결한 요소들이다. 이제 나는 안다. 진정한 코칭의 힘은 화려한 테크닉이나 전문적 지식이 아닌, 이 단순하면서도 강력한 두 가지에서 시작된다는 것을.

평가,
그리고 우리가 진정 쌓아가야 할 것들에 대하여

한 해의 끝자락이다. 겨울바람이 매서워질 때면 조직의 리더들은 더욱 무거운 마음을 안게 된다. 평가 시즌이기 때문이다. 숫자로 된 실적은 명확하게 보이는데, 그 숫자 속에 담긴 한 사람 한 사람의 이야기를 어떻게 담아내야 할지, 그것이 진정 평가의 본질일 텐데 말이다.

나는 오랫동안 대기업 임원으로 지내면서, 평가라는 것이 얼마나 복잡하고 미묘한 것인지 깊이 체감해 왔다. 객관적이라는 평가 기준도 결국은 주관의 바다를 건너야 하는 법이다. 어떤 팀원은 수치상으로는 평범해 보이지만, 그 과정에서 보여준 성장과 노력이 빛나기도 한다. 반대로 화려한 실적 뒤에 숨겨진 그림자도 있을 수 있다.

특히 연말이 되면 재미있는 현상이 나타난다. 팀원들의 자기 평가가 마치 겨울 코트처럼 두툼해지는 것이다. "이 정도면 A 아닌가요?"라는 기대 섞인 눈빛을 마주할 때면, 리더의 마음은 더욱 복잡해진다. 승진을 앞둔 이들의 간절함은 더 말할 것도 없다. 그들에게 팀장의 후한 평가는 마치 당연한 배려처럼 여겨지기도 한다.

코치 : 오늘은 어떤 이야기를 나누고 싶으세요?

고객 : 요즘 스트레스가 많아요. 평가 시즌이라 팀원들도 예민해지고, 저도 평가를 어떻게 해야 할지 고민이 많습니다.

코치 : 회사에서 평가와 관련된 교육이나 가이드라인이 제공되나요?

고객 : 네, 회사의 기준은 명확합니다. 가이드라인을 따라 평가하는 건 어렵지 않아요. 다만 내년 초에 평가 결과를 팀원들에게 통보할 때, 그들이 충분히 이해할 수 있도록 전달할 수 있을지가 걱정이에요. 상대 평가이다 보니 A, B, C, D 등급의 비율이 정해져 있는데, 시니어는 승진을 기대하고, 젊은 팀원들은 연봉 인상이나 보너스와 직결되니 민감할 수밖에 없거든요. 저는 최대한 공정하게 하려고 하지만, 그들이 어떻게 받아들일지 모르겠어요. 어떤 경우에는 최종적으로 실장님이나 본부장님이 결과를 조정하면서 제가 예상했던 평가와 달라질 때가 있습니다. 그 결과를 팀원들에게 납득시키는 게 쉽지 않을 것 같아요.

코치 : 팀장님이 공정한 평가를 위해 노력하시는 점이 느껴집니다. 팀원들이 결과를 이해하지 못할 이유는 무엇이라고 생각하세요?

고객 : 대부분 자신이 A는 받아야 한다고 생각해요. 최소한 B 정도는 받을 자격이 있다고 믿죠. 그런데 제가 보기에는 그렇지 않은 경우도 많습니다.

코치 : 팀원들의 기대와 팀장님의 평가 간에 간극이 생기는 이유는 무

엇인가요?

고객: 성과를 보는 기준이 서로 다르기 때문이죠. 팀원들은 작은 일을 마치고 큰 성과라고 생각하는 경우가 많아요. 때로는 저도 답답하고, 실망스러운 결과에 마음 아플 때도 있습니다. 제 앞에서는 수긍하는 듯하지만, 속으로는 불만이 많겠죠.

코치: 그런 상황을 줄이기 위해 미리 할 수 있는 일은 없을까요?

고객: 연중에 피드백을 주면서 과제가 제대로 진행되고 있는지, 아니면 더 노력해야 할 부분이 있는지 알려주고 있습니다. 다만 동기부여를 위해 칭찬 위주로 피드백을 해왔는데, 앞으로는 더 명확하고 구체적인 중간 피드백이 필요할 것 같아요.

코치: 팀원의 성장을 돕는 피드백을 주려는 의지가 보이네요. 그런데도 평가 결과에 승복하지 않는 경우는 어떻게 대처하시겠어요?

고객: 가장 어려운 건 경계선에 있는 팀원들입니다. A와 B, B와 C의 경계에 있는 팀원들은 저도 명확히 판단하기 어려울 때가 많아요. 임원 평가에서 결과가 뒤집히기도 하고요. 저는 한 명이라도 좋은 평가를 받을 수 있도록 설득하지만, 회사 시스템상 어려운 경우가 많습니다. 결과적으로 하위 평가를 받은 팀원들이 불만을 제기하면 근거를 설명하지만, 저도 마음이 편치 않아요. 팀원들은 회사와 저를 비난하겠죠. 특히 요즘 젊은 세대는 불공정함을 참지 못하고 강하게 반응하니 더 어렵습니다. 코치님은 이런 경우 어떻게 하셨나요?

코치 : 회사 시스템이나 프로세스가 모든 사람을 만족시킬 수는 없죠. 공정하게 하려고 노력하지만, 가끔은 나만 손해 보는 것 같은 기분이 들 때도 있습니다. 그런데 팀장님께서는 단순히 고과가 좋아서 팀장 자리에 오르셨다고 생각하시나요?

고객 : 고과가 나쁘지는 않았지만, 항상 최상급이었다고는 할 수 없어요. 4~5년 전에는 상사와 업무 스타일이 맞지 않아 2년간 고과가 안 좋았던 적도 있었거든요.

코치 : 그런데도 팀장이 되신 이유는 무엇일까요?

고객 : 아마도 회사에서 제가 팀장 역할을 잘할 거라고 판단했겠죠. 주변 평판도 괜찮고, 따르는 후배들도 있는 편이라서요.

코치 : 팀장님께서는 회사 내에서 평판이 굉장히 좋으셨군요.

고객 : 그런 것 같아요. 회사 생활에서는 평판이 정말 중요한 것 같아요. 하루 이틀 다니는 게 아니니까요. 하하.

코치 : 그 말씀을 후배들과 평가 면담 때 공유해보시면 어떨까요? 평가 결과는 단기적이고 상사의 일방적인 시각이 반영되지만, 평판은 장기적으로 누적되고 360도 시각에서 만들어지는 것이니 아무도 속일 수 없잖아요.

고객 : 네, 좋은 방법 같아요. 젊은 후배들이 꼭 알았으면 좋겠습니다.

팀장과 대화를 나누면서 몇 가지 의미 있는 통찰을 얻을 수 있었다. 그가 던진 고민 속에서 평가의 본질적 의미를 발견한 것이다. 그의 고민 속에서 세 가지 지혜가 빛났다.

첫째, 피드백은 결과를 통보하는 게 아니다. 상대방의 발전을 이끌어 내는 소중한 기회다. 그래서 중간 피드백이 더욱 중요하다. 시험을 치르고 나서 점수만 던져주는 것이 아니라, 공부하는 과정에서 방향을 잡아 주는 것과 같은 이치다.

둘째, 평가의 근거를 명확히 하고 그 과정을 투명하게 공유하는 것이다. 이것은 신뢰의 문제다. 결과에 승복하지 않더라도 과정이 공정했다면, 그것은 발전의 디딤돌이 될 수 있다.

셋째, 가장 중요한 깨달음이다. 1~2년의 평가 결과보다 평판이 더 중요하다는 것. 이것은 30년 직장생활이 준 값진 교훈이다.

지난 30여 년의 회사 생활을 돌아보면, 우리는 모두 평가자이면서 동시에 피평가자였다. 때로는 기대에 못 미치는 평가를 받아 속상했고, 때로는 예상 밖의 좋은 평가에 감사했다. 하지만 시간이 흐르고 보니, 그때의 평가 결과보다 더 중요한 것이 있었다. 바로 동료들과 쌓아온 신뢰, 후배들의 지지, 그리고 조직 안에서의 평판이었다.

"A라는 평가와 좋은 평판 중 하나를 선택하라면?" 나는 주저 없이 평판을 선택할 것이다. 평가는 일시적이지만, 평판은 영속적이다. 평가는 위에서 아래로 향하는 일방통행이지만, 평판은 모든 방향에서 모이는 진실의 합이다.

젊은 후배들에게 하고 싶은 말이 있다. 당신의 성과가 제대로 평가받지 못했다고 느낄 때, 잠시 시선을 돌려보라. 당신을 바라보는 동료들의 시선, 후배들의 믿음, 그리고 조직 전체가 느끼는 당신의 가치를. 그것이 진정한 당신의 평가다.

　인생은 길다. 단기적인 평가 결과에 일희일비하지 말자. 더 긴 호흡으로, 더 넓은 시각으로 바라보자. 평판은 속일 수 없다. 그것은 당신이 걸어온 길의 총체적 흔적이며, 앞으로 걸어갈 길의 든든한 디딤돌이 될 것이다.

세대 간 소통의 벽을 넘어서,
MZ세대와의 공존을 고민하다

코칭에서 자주 마주하는 질문이 있다. "요즘 MZ 세대는 어떻게 소통해야 할지 모르겠어요. 저희 때는 다들 어떠어떠했는데, 요즘 애들은 도무지..." 이런 고민을 털어놓는 리더들의 목소리에서 나는 답답함과 혼란스러움을 읽을 수 있다.

MZ세대. 밀레니얼 세대(*1981~1996년 출생 집단*)와 Z세대(*1997~2012년 출생 집단*)를 아우르는 이 말은 이제 더 이상 신조어가 아니다. 1981년부터 2012년 사이에 태어난 이들을 지칭하는 이 용어는, 이미 우리 사회의 중요한 키워드가 된 지 오래다.

코칭 현장에서 보면서 참 아이러니하다고 느끼는 게 있다. X세대(*1965~1979 출생자*) 리더들은 물론이고, 심지어 자신도 MZ세대에 속하는 80년대 중후반 출생 리더들조차 이 '세대 차이'라는 벽 앞에서 머리를 싸매고 있다는 거다.

이 간극을 좁히기 위해 리더들은 MZ세대에 대해 이것저것 공부는 많이 한다. 매스컴도 보고, 책도 읽고, 트렌드도 분석하고... 하지만 뭔가 빠

리더에서 코치로 ——

진 게 있다. 바로 '진정한 이해와 공감'이다. 그들의 특성을 머리로는 알지만, 마음으로는 받아들이지 못하는 거다.

현장에서 많은 리더들이 이런 실수를 한다. "내 방식이 맞아, 그러니까 너희들도 이렇게 해야 해"라는 식의 접근. 그 결과는? 어떤 이는 '꼰대'라는 딱지를 붙이게 되고, 어떤 이는 완전히 고립되고, 더 심각한 경우는 리더십 자체를 포기해 버린다.

이런 이야기를 하다 보면 나도 과거의 고민이 떠오른다. 처음 코칭을 시작했을 때, 나 역시 이런 세대 차이 앞에서 진땀을 뺐다. 하지만 깨달은 게 있다. 우리가 필요한 건 '설득'이 아니라 '이해'다. '가르침'이 아니라 '배움'이다. 이런 관점의 전환이 바로 진정한 소통의 시작점이 되는 것이다.

코칭 현장에서는 세대 차이 문제로 고민하는 리더들에게 늘 네 가지 질문을 던진다.

"이것은 당신 세대만이 겪는 문제일까요?"

"당신이 뭉뚱그려 말하는 그들(MZ세대)은 모두 같은 특성을 가지고 있나요?"

"그들은 왜 그렇게 행동하는 것 같아요?"

"그렇다면 당신이 할 수 있는 최선은 무엇인가요?"

나는 이 질문들을 통해 문제의 본질에 좀 더 가까이 갈 수 있다고 생각한다.

역사적으로 고대 이집트에서도, 그리스에서도 "요즘 애들은…" 하는 한탄이 있었다는 것은 잘 알려진 사실이다. 이게 뭘 말해주나? 세대 갈등이라는 게 어제오늘의 일이 아니라는 거다.

그런데 말이다. 요즘 리더들이 하는 말이 있다. "우리 시대만큼 세대 차이가 심한 적이 없다"라고. 왜 이런 생각을 할까? 사회문화적 변화가 너무 급격해서다. 하지만 잠깐, 이게 정말 그럴까?

구한말의 격변기를 겪은 세대와 그렇지 않은 세대의 차이는? 전쟁의 참상을 겪은 세대와 평화로운 시대를 산 세대의 간극은? 이게 지금보다 덜했을까?

여기서 우리는 불편한 진실과 마주하게 된다. 혹시 우리가 "세대 차이가 너무 크다"라고 말하는 것이, 변화를 받아들이기 싫은 자신을 합리화하는 건 아닐까?

또 하나 짚고 넘어가야 할 게 있다. 우리가 'MZ세대'라고 뭉뚱그려 부르는 이들을 한번 생각해 보자. 그들이 정말 다 같을까? 개인의 고유한 특성은 어디로 갔을까? 마케팅에서야 비슷한 성향의 고객을 묶어서 접근하는 게 효과적일 수 있다. 하지만 조직을 이끄는 건 다르다.

내가 늘 강조하고 싶은게 있다. "한 사람 한 사람의 개성을 보라." 이게 진정한 리더십의 시작이다. 마법 같은 해결책은 없다. 팀원 하나하나의 마음을 이해하고 소통하려는 노력, 그게 바로 우리가 가야 할 길이다.

이런 관점에서 보면, 세대 갈등이라는 건 어쩌면 우리에게 주어진 선물일 수도 있다. 우리의 리더십을 한 단계 더 성장시킬 수 있는 기회니까.

고객: 입사 1~2년 차 신입사원이 있는데, 회사 일에 집중하지 않고 열정도 없어 보여요. 제가 보기에는 능력도 충분해 보이는데, 회사 일은 그저 기본 정도만 하고, 그 다음엔 과외 활동에 더 열심히 하더라고요. 한번 면담을 해봤는데, 속마음을 잘 이야기하지 않더군요. 저는 이런 친구들이 이해가 잘 안 됩니다.

코치: 면담에서 어떤 말씀을 해주고 싶으셨나요?

고객: 회사에서 인정받고 리더로 성장하려면 열심히 해야 한다… 이런 이야기를 했죠.

코치: 그분의 반응은 어땠나요?

고객: 듣기는 하는 것 같았지만, 큰 반응은 없었어요. 잠깐 얘기하다가 저도 마음을 접었죠.

코치: 팀장님은 신입사원 시절에 어떤 생각을 가지고 계셨나요? 회사 일에 몰두하셨나요?

고객: 저는 열심히 했던 것 같습니다. 즐겁지는 않았지만, 저를 희생했죠. 팀장이나 임원으로 승진하면 보상도 크고 생활도 편해지며, 사회적으로 인정받는 분위기였거든요.

코치: 팀장님이 지금 신입사원으로 입사하셨으면, 어떨 것 같으세요?

고객: 글쎄요.

코칭 현장에서 안타까울 때는 리더들이 자신의 과거를 잊어버렸을 때다. 마치 태어날 때부터 리더였던 것처럼 말이다.

잠깐 과거로 돌아가 보자. 여러분, 신입사원 시절을 기억하는가? 정말 열심히 일했나? 아니, 더 정확히 물어보자. 즐겁게 일했나? 솔직히 말하면 대부분은 그렇지 않았을 거다.

내가 발견한 재미있는 패턴이 있다. 업무 몰입도는 마치 와인처럼 시간이 지나면서 더 깊어진다. 왜 그럴까? 이건 단순히 경험의 문제가 아니다. 인생의 시기와 깊은 관련이 있다.

신입사원 때를 생각해 보면, 회사는 내 인생의 전부가 아니었다. 친구들과 술 한잔 기울이고 싶었고, 사랑도 하고 싶었고, 자기 계발도 하고 싶었다. 여행도 가고 싶었다. 특히 경제적 여유가 조금 생기고 부양할 가족도 없을 때는 더더욱 그랬다. 어떤 이들은 '이 회사가 내 커리어의 종착역일까?' 하는 고민도 했을 거다.

시간이 흘러 어느 정도 연차가 쌓이면 어떻게 되나? 관심사가 확 바뀐다. 결혼 자금, 내 집 마련, 아이... 돈에 대한 관심이 폭증하는 시기다. 재미있는 건, 이때쯤 되면 업무 능력도 일취월장한다. 전문성이 생기니 이직 시장에서의 가치도 올라간다. 말하자면 '노동 시장에서의 가성비가 최고조에 달하는 시기'인 거다.

리더들에게 물어보고 싶다. "당신은 팀원들의 이런 인생 단계를 이해하고 있나요? 그들의 관심사가 어디에 있는지 알고 계신가요? 그에 맞는 동기부여 방법을 고민해 보셨나요?"

리더에서 코치로 ———

에릭 에릭슨의 인생 9단계를 굳이 들먹이지 않더라도, 우리는 다 비슷한 길을 걸어왔다. 그런데 왜 그걸 잊어버리는 걸까?

자, 이제 핵심을 짚어보자. MZ세대를 이끄는 리더십의 핵심은 뭘까? 정답은 없다. 사람마다 다르니까. 하지만 기본은 있다. 그게 뭔지 아는가?

바로 '이해'와 '공감'이다. 그리고 여기서 더 중요한 게 있다. 다름을 인정하는 것. 내가 리더십 관련하여 늘 마음에 두는 말이 있다. "리더십의 폭은 다름을 인정하는 폭과 같다." 거기에 더해서 "그 다름이 왜 생기는지 이해하는 것이 리더십의 깊이"라고.

이런 관점으로 보면, 세대 차이는 더 이상 걸림돌이 아니다. 오히려 우리의 리더십을 더 넓고 깊게 만들어주는 기회다. 당신의 리더십은 얼마나 넓고 깊은가?

리더의 용기, 권한 위임의 진정한 의미

　　　　　코치 : 팀장님들은 권한위임이 무엇이라고 생각하시나요? "나에게 권한위임이란 무엇이다"라고 한마디로 정의하신다면 어떻게 표현하시겠어요? 그리고 간단히 설명해 주실 수 있을까요?

　리더십을 주제로 한 그룹 코칭에서 권한위임이라는 소주제로 토론이 시작되었다.

　팀장 1: 저에게 권한위임이란 "기회"입니다. 저의 상사께서는 저에게 권한을 많이 위임해 주셨던 편이에요. 제가 검증된 사람도 아니었고, 객관적으로 능력 있어 보이지도 않았지만, 중요한 과제를 맡기시며 해보고 싶은 대로 할 기회를 주셨어요. 그 과정에서 어려움도 많았고 위기도 있었지만, 과제를 성공적으로 마칠 수 있었고, 덕분에 자신감도 생기고 주변의 신뢰도 얻었어요. 아마 팀장으로 진급할 수 있는 기반이 되지 않았나 싶습니다.

　코치 : 아, 상사분께서 팀장님의 성장 기회를 주셨군요. 팀장님께서는 그 기회를 잘 살리신 거고요. 다른 분들은 어떻게 생각하세요?

　팀장 2: 저는 권한위임이 "용기"라고 생각합니다. 저도 권한위임에 대해 많이 고민하고 실제로 산하 직원들에게 위임하려고 노력하는 편이지만, 가끔은 불안할 때가 있어요. 물론 구성원들에게 기회를 주는 것도 중요하지만, 결국 일의 성과도 중요하잖아요. 그래서 종종 제가 직접 처리하거나 계속 관리를 하게 됩니다. 권한위임을 잘하려면 어느 정도 용기가 필요하다고 생각해요.

팀장 1: 그렇다면 제 상사분은 용기가 있으셨던 거네요. 잘못될 수도 있는 일을 저에게 맡기며 믿어주신 거니까요.

팀장 3: 저는 권한위임에도 "전략"이 필요하다고 생각해요. 위임할 과제와 대상의 특성을 잘 파악하고, 중요도와 시급성에 따라 위임의 정도를 정해야 한다고 봅니다. 과제의 성격과 일을 맡을 사람의 업무 스타일이 잘 맞는지도 고려해야 할 것 같아요. 흔히 말하는 마케팅 전략이나 포트폴리오 전략과는 다르지만, 과제 수행에도 나름 전략이 필요하다고 생각해요. 그런데 돌아보면 저도 위임할 때 전략적으로 생각하지는 않았던 것 같습니다.

코치: 권한위임에도 전략이 필요하다는 점이 인상적이네요. 저는 한 번도 그렇게 생각해 보지 못했습니다.

팀장 4: 저는 권한위임을 하느니 차라리 제가 직접 처리하는 편입니다. 권한위임이라는 말은 좋지만, 제 입장에서는 "비효율적"이에요. 해야 할 일은 많고 인원은 한정적인데, 구성원 육성만을 생각할 수는 없죠. 위임할 수 있는 일은 하겠지만, 조금이라도 비효율적이라고 판단되면 성과 우선으로 가야 한다고 생각해요. 바쁘고 일이 힘들더라도 리더가 희생해야 한다고 봅니다. 그래서 가능하면 많이 관여하려고 합니다.

코치: 직접 많이 관여하시면 상당히 바쁘시겠네요.

팀장 2: 그래서 용기가 필요하다는 겁니다. 중요하지 않은 과제는 성과가 조금 덜 나더라도 넘길 필요가 있고, 때로는 상사에게 혼나더라도 어느 정도는 감수할 용기가 필요하죠.

팀장 4: 결과가 뻔히 보이는데 그냥 넘어가는 것은 용기가 아니라 방관이죠.

팀장 5: 두 분 말씀을 듣다 보니, 저는 권한위임할 때 "디테일 관리"가 필요한 것 같아요. 위임이라고 해서 그냥 맡기는 게 아니라, 적절한 타이밍에 리드하고, 도움을 주고, 점검하는 과정이 필요합니다. 일의 성격과 담당자의 일하는 방식에 따라 리드하는 방식도 달라야겠죠. 예를 들어 초반에 일의 방향을 잡아주든, 브레인스토밍 방식으로 돕든, 중간에 진행 상황을 체크하든 등등이요. 그러려면 리더가 신경 써야 할 부분이 많아질 것 같네요.

팀장 4: 그래서 비효율적이라는 겁니다.

팀장 1: 하지만 그렇게 하지 않으면 리더가 버티기 힘들지 않을까요? 제가 말씀드린 상사분은 상당히 여유로워 보이세요. 그럼에도 회사에서 잘나가시고요. 그분은 대외 활동이나 회사의 전략적인 문제 같은 더 중요한 일에 시간을 쓰시거나 구성원 동기부여에만 신경 쓰시는 느낌이에

리더에서 코치로 ——

요. 내부 과제들은 거의 반자동으로 굴러가는 듯합니다. 상사분이 간섭을 적게 하니, 팀원들도 즐거워하는 분위기고요. 그분이 제가 팀장이 되었을 때 이런 말씀을 해 주셨습니다. "팀장이 됐다고 더 열심히 뛰려 하지 마라. 혼자 열심히 뛰는 것은 다람쥐 쳇바퀴를 더 빨리 돌리려고 노력하는 것과 같아서 확장성이 없다"고요.

그 이후에도 팀장들과 열띤 토론이 이어졌다. 어떤 이는 적극적인 위임을 외쳤고, 또 어떤 이는 효율성에 방점을 찍었다.

자, 여기서 팀장들이 말한 권한위임의 정의를 한번 곱씹어보자. 굉장히 의미심장한 통찰이 담겨있다.

"권한위임은 후배들에게 기회를 주는 것이다."

이 한 문장에 얼마나 깊은 뜻이 담겨있는지 모른다. 단순히 일을 나누는 게 아니라 성장의 기회를 주는 거다.

"권한위임에는 때로는 비효율을 감수할 리더의 용기가 필요하다."

여기서 '용기'라는 단어를 주목해 보자. 왜 용기일까? 당장의 완벽함 대신 성장의 가능성을 선택하는 것, 이것이야말로 진정한 리더의 용기 아닐까?

"위임을 하지 않는 리더에게는 한계가 있다."

이건 리더십의 본질을 꿰뚫는 통찰이다. 혼자서는 아무리 뛰어난 리더도 한계가 있다. 팀의 성장은 곧 리더의 성장이다.

"위임을 통해 성과를 내기 위해서는 반드시 전략과 디테일 관리가 필요하다.”

이건 실행의 지혜다. 위임이 단순히 ‘일을 던져주는 것’이 아니라는 걸 정확히 짚어낸 것이다.

내가 보기에 권한위임은 마치 정원사의 일과 같다. 어린 나무를 키우는 정원사는 당장 크고 멋진 나무를 심고 싶은 유혹을 이겨내고, 시간이 걸리더라도 작은 나무가 자랄 수 있게 기다려주는 인내가 필요하다.

위임은 단순히 업무 효율의 문제가 아니다. 이건 신뢰의 문제이고, 성장의 문제이고, 궁극적으로는 조직의 미래를 만드는 일이다.

가끔 이런 질문을 던져본다. “당신이 없을 때도 팀이 잘 굴러가나요?” 이게 바로 진정한 리더십의 시험대다. 팀원들이 리더의 그림자 없이도 성과를 낼 수 있을 때, 그때 비로소 우리는 진정한 권한위임이 이루어졌다고 말할 수 있다.

결국 권한위임은 리더의 자기 확신과 용기의 문제다. 당장의 효율을 포기할 수 있는 용기, 실수를 허용할 수 있는 관용, 그리고 성장을 기다릴 수 있는 인내. 이 모든 것이 필요한 게 바로 진정한 권한위임이다.

당신의 위임은 어떤가? 효율만을 위한 것인가, 아니면 성장을 위한 것인가?

리더에서 코치로 ────

그때는 맞고 지금은 틀리다.
의사 결정의 유연함을 말하다

고객: 코치님은 혹시 하기 싫거나 자신 없는 일을 맡아보신 적 있으신가요? 그런 경우 어떻게 극복하셨나요?

코치: 그렇게 물으시는 걸 보니, 요즘 하시는 일에 만족하지 않으시거나 부담이 크신가 보네요?

고객: 마음에 안 든다기보다는, 갑자기 맡게 된 일이 저에게는 좀 낯설고 잘할 수 있을지 자신이 없어져요. 3~4년 전 프로젝트에서 떠난 이후로 줄곧 지원 부서 업무만 해왔거든요. 저한테 잘 맞고 성과도 인정받아서 앞으로도 지원 부서 리더로 커리어를 이어갈 계획이었어요. 그런데 석 달 전, 해외 프로젝트 리더로 발령이 나면서 지금 현지에 나와 있어요. 오랜만에 대규모 해외 프로젝트를 맡으니 낯설기도 하고, 지난번에는 팀원으로 참여했던 반면 이번에는 전체를 이끌어야 하니 두려운 마음이 큽니다.

코치: 가장 두려운 점이 무엇인가요?

고객: 제가 의사결정을 해야 한다는 게 두렵습니다. 지원 부서와 달리

프로젝트에서는 잘못된 결정이 바로 성과로 드러나잖아요. 제 결정이 잘못돼서 중요한 프로젝트가 실패로 이어질까 걱정이 됩니다. 그래서 자꾸 결정을 미루는 것 같아요. 좀 더 깊이 살펴봐야 할 것 같고, 팀원들이 놓친 부분이 있을까 싶어 계속 다시 조사해 보라고 독려하는 편입니다. 그런데 프로젝트 초반부터 팀원들이 지쳐 보이는 기색이 역력해서 걱정이네요.

리더십 코칭에서 내가 자주 던지는 질문이다. "여러분, 리더란 무엇이라고 생각하십니까?" 보통은 여러 답이 나오지만, 핵심은 하나다. 리더는 '결정하는 사람'이라는 것.

리더의 숙명, 그것은 바로 의사결정이다. 재미있는 건, 이 숙명의 무게가 어떻게 작용하느냐다. 평사원 때 가지는 특권이 하나 있었다. 일이 잘되면 내 덕, 잘못되면 남 탓을 할 수 있는 사치. 하지만 리더는? 성공은 모두의 것이 되고, 실패는 고스란히 자신의 몫이 된다.

대기업에서 경험하는 답답함 중에 하나는 의사결정 과정이 마치 거대한 거미줄 같다는 것이다. 품의서, 보고서가 이리저리 날아다닌다. 특히 중간관리자가 많은 조직에서는 이게 더 심각해진다. 왜? 모든 상사가 또 다른 상사에게 보고해야 하니까.

"이런 것도 조사 안하고 어떻게 결정하냐고요?" "이 부분 더 보완해 보세요." 한 달이 넘도록 결론이 안 나는 보고서를 보며 직원들은 한숨만 쌓여간다.

여기서 재미있는 진실 하나. 의사결정의 세계에서 압도적으로 좋은 대안, 이른바 'No-brainer'는 거의 없다. 대부분은 55대 45, 때로는 51대 49의 아슬아슬한 승부다. 어떤 각도로 보느냐에 따라 A 안이 좋을 수도, B 안이 좋을 수도 있다. 이런 상황에서 직원들을 다그친다고 해서 60대 40으로 격차가 벌어질까? 아니다. 오히려 직원들의 열정만 식어갈 뿐이다.

자, 여기서 파레토의 법칙을 한번 생각해 보자. 보고서의 80% 완성도는 20%의 노력만으로 달성된다. 그런데 나머지 20%의 완성도를 위해 우리는 80%의 시간과 노력을 쏟아붓는다. 이게 말이 되는 걸까? 리더들은 왜 이런 함정에 빠질까? 중간관리자야 상사의 눈치를 볼 수 있다 치자. 하지만 최종 결정권자마저도? 내가 보기에 이건 두 가지 두려움의 결과다. 하나는 잘못된 결정에 대한 두려움이고, 다른 하나는 불완전한 것을 인정하지 못하는 완벽주의다.

코치: 팀장님이 고민하고 계신 문제의 최종 결정을 언제까지 내리셔야 하나요?

고객: 이제 더는 미룰 수 없을 것 같습니다.

코치: 그러면 현재 생각하고 계신 대안이나 추진 방안이 있으신가요?

고객: 네, 어느 정도 결정을 내리긴 했는데, 제 결정이 옳은지 확신이 서지 않습니다. 뭔가 빠뜨린 부분이 있는 것 같은데, 정확히 무엇을 놓쳤는지 모르겠어요.

코치: 부하직원들을 독려한다면 기한 내에 빠뜨린 부분이 해결될까

요?

고객: 팀원들은 이미 검토할 수 있는 부분은 다 봤다고 생각할 겁니다.

코치: 한두 달 전에 처음 보고받았을 때와 지금을 비교하면, 새로운 대안이 나왔거나 팀장님의 생각이 달라진 부분이 있나요?

고객: 아니요. 그때도 지금 생각하는 대로 추진하자는 마음이었고, 지금은 오히려 조금 더 확신이 생긴 것 같아요.

코치: 이번에 선택한 대안을 추진하다가 상황이 여의치 않게 되면 어떻게 하실 생각이세요?

고객: 글쎄요. 다른 대안을 세우거나 B안으로 돌아가야겠지요. 하지만 제가 내린 결정을 번복하는 게 쉽지 않고, 팀원들은 그동안 허탕을 쳤다고 생각할지도 모르겠네요.

코치: 팀장님의 결정이 항상 옳을 수 있을까요? 지금은 옳아 보여도 프로젝트가 진행되는 동안 주변 상황이 계속 변할 수 있지 않을까요?

고객: 주변 상황이 변하는 건 제 탓이 아니잖아요? 그때는 새로운 대안을 마련해야겠지요.

강연장에서 내가 자주 던지는 화두가 있다. "여러분, 혹시 한번 내린 결정을 바꾸는 게 두려우신가요?" 이런 질문을 던지면 대부분의 리더들이 불편한 표정을 짓는다. 특히 최종 의사결정권자들이 더 그렇다. 왜 그럴까?

여기서 우리가 빠지기 쉬운 함정 하나를 짚어보자. '리더의 결정은 항상 옳아야 하고, 한번 정한 방향은 끝까지 가야 한다'라는 강박관념. 이게 얼마나 위험한 생각인지 아는가?

세상은 끊임없이 변한다. 의사결정의 전제조건이었던 상황들이 하루아침에 뒤바뀔 수 있다. 이럴 때 진정한 리더십이 빛을 발한다. 빠르게 상황 변화를 인정하고, 새로운 방향을 제시하는 것. 이게 바로 리더의 진짜 용기다.

3~4년 전에 스타트업 계에서 유행하던 말이 있다. '피보팅'과 '스케일업'. 이게 뭘 말해주나? 빠르게 실행하고, 시장 반응을 보고, 필요하면 전략을 수정하는 선순환의 중요성이다. 리더십의 진정한 가치는 유연성에 있다.

"그때는 맞고 지금은 틀리다"

영화 제목처럼 들리기도 하지만, 리더가 가져야 할 덕목이기도 하다.

내가 임원이 될 상인가?

어느 코칭 세션의 말미에 한 팀장이 조심스럽게 던진 질문.

"코치님, 저도 임원이 되고 싶어요. 하지만 제가 하는 일이 그렇게 중요해 보이지도 않고, 특별한 성과를 내기도 어려워 보여요. 어떻게 해야 할까요?"

이런 고민은 많은 팀장들의 가슴 속에 숨겨진 이야기다. 쉽게 꺼내지 못하는, 하지만 간절한 질문.

얼마 전 한 중소기업에서 부사장으로 승진한 분을 코칭한 적이 있다.

부사장: 코치님, 이번 달에 조직 개편이 있었는데, 제가 부사장으로 승진하면서 업무 영역이 더 넓어졌습니다.

코치: 와, 축하드립니다. 회사에서 능력과 성과를 인정받으셨네요! 새로 어떤 업무를 맡게 되셨나요?

부사장: 기존 사업부 운영에 더해서 회사 전체의 해외 기술 제휴 업무까지 맡게 되었습니다.

코치: 해외 기술 제휴라니 굉장히 전문적인 분야로 보이네요. 부사장

님께서는 이 업무에 원래 관여하셨나요?

부사장: 아니요, 직접적인 업무는 아니었어요. 다만 전에 다니던 회사에서 해외 근무 경험이 많다 보니, 지금 회사에서는 연구소의 기술 제휴 업무를 조금 도와주는 정도였어요. 연구소에서 보내는 영문 이메일을 검수하거나 계약서를 검토해 주는 일이었죠. 엔지니어나 연구원들이 영어 이메일이나 영문 계약서 부분에서 어려움이 있는 것 같아 도움을 주다 보니, 저도 기술 제휴에 대해 자연스럽게 많이 알게 되었어요.

코치: 그럼 연구소 담당 임원이나 직원들과 꽤 친해지셨겠네요.

부사장: 예, 맞아요. 수시로 저를 찾아와서 도움을 요청하곤 했습니다. 저도 바빴지만, 제가 아니면 누가 도와줄까 싶기도 하고, 전무인 제게까지 찾아왔을 때는 얼마나 급할까 생각해서 최대한 우선적으로 도와주려고 했습니다. 그래서인지 제가 이 업무를 맡게 된 것에 큰 이견이 없었던 것 같아요. 사실 저는 엔지니어도 아니고, 그냥 문과 출신의 제너럴리스트인데 말이죠.

코치: 아, 다른 부서를 도와주면서 업무 영역도 확장하고 주변의 지지도 얻으셨군요.

관련해서 또 하나의 코칭 사례를 소개하겠다. 코칭이 끝난 후 5개월 뒤, 고객이 임원으로 승진했다는 소식을 들었다.

코치: 담당님, 축하드립니다! 임원으로 승진하셨다는 소식을 듣고 기

쁜 마음에 연락드렸습니다.

팀장: 감사합니다. 코치님 덕분이에요. 코칭을 통해 큰 도움을 받았습니다.

코치: 제가 도움을 드린 것이 있나요? 저는 원래 담당님이 준비된 분이라고 생각해서 임원이 되실 거라 확신하고 있었습니다.

팀장: 코치님과 대화 중에 "임원이 되려면 임원처럼 생각하라"는 말씀이 저에게 큰 영향을 준 것 같아요.

코치: 그건 제가 한 말이 아니라 담당님께서 직접 말씀하셨던 거예요. 당시 상위 임원의 관점에서 사안을 바라보고 업무를 수행하겠다고 하셨잖아요.

팀장: 아, 그랬나요? 여하튼 그 이후로 사업부 회의나 상사분이 주재하시는 회의에서도 임원의 시각에서 제 의견을 제시했던 것 같아요. 그리고 옆 부서와의 협조에서도 상위 임원의 시각으로 조율하거나 지원했고요.

코치: 그렇다면 상사분이나 주변 동료들도 담당님을 임원으로 적합하다고 인정했겠네요?

팀장: 아마도 그렇지 않았을까요? 저도 앞으로 팀장을 선임할 때 '팀장감'이라고 느껴지는 사람을 임명할 것 같아요. 임원감이나 팀장감이라는 것이 결국 의사 결정을 할 때 고려하는 사고의 범위, 그리고 주변 부서를 대하는 태도에서 나오는 게 아닐까요? 임원처럼 사고하고, 행동하

며, 사람을 아우르는 것이 중요하다고 생각합니다.

"내가 왕이 될 상인가?" 이정재 배우와 송강호 배우가 출연한 영화 관상의 대사이다. 영화에서는 왕의 상이 따로 있다고 하지만, 나는 "임원이 될 상"은 스스로 만들어간다고 생각한다. 임원이 되고 싶다면 임원처럼 생각하고, 임원처럼 업무에 임하는 것이 방법이 아닐까?

머시 중한디?

고객: 코치님이 만난 최악의 리더는 누구였나요?

코치: 몇몇 떠오르는 사례는 있지만, 최악이라고 꼽기는 쉽지 않네요. 지금 상사분과 어떤 문제가 있으신가요?

고객: 아니요, 상사와는 문제가 없습니다. 그런데 제 부하직원들이 저를 그렇게 평가하는 것 같아요. 얼마 전 팀장들을 대상으로 실시한 다면 평가에서 제 리더십 점수가 상당히 낮게 나왔거든요.

코치: 어떤 피드백을 받으셨나요?

고객: 팀원들은 제가 독선적이라고 하더라고요. 부서 내에서 일어나는 모든 일에 관여한다고요. 사소한 것까지 모두 보고해야 한다고 느껴서 업무가 지연되고, 자기 역량을 펼치지 못한다고 말했어요. 하지만 저는 부서장이면 부서 내에서 진행되는 중요한 일들은 모두 알고 있어야 한다고 생각합니다. 만약 제가 모르는 상태에서 일이 추진되거나 제 확인 없이 결정된다면, 팀장으로서 직무 유기를 하는 거라고 느껴져요.

코치: 팀원들의 피드백을 들으셨을 때 어떤 생각이 드셨나요?

고객: 한편으로는 억울하다는 생각도 들었습니다. 팀원들이 사소한

리더에서 코치로 ————

것까지 제 결정을 받으려고 하니까 제가 너무 바쁘거든요. 그런데 뒤에서는 저를 독선적이라고 평가하다니요. 솔직히 어디까지 관여해야 하고, 어디까지 자율성을 줘야 할지 모르겠어요.

후배들에게 자주 하는 말이 있다. "뛰어난 실무자가 반드시 훌륭한 리더가 되는 건 아니다." 이 말을 할 때면 20년 전 어떤 상사분이 떠오른다. 그는 사내 최고의 전략가였다. 문제를 구조적으로 보고, 분석적으로 풀어내고, 창의적인 대안까지 제시하는, 말 그대로 '에이스'였다. 어려운 과제가 있으면 어김없이 그에게 돌아갔고, 그는 마치 전사처럼 그 과제를 해결해 냈다.

"업무 장악력"

그가 즐겨 쓰던 이 말에 그의 모든 것이 담겨있었다. 팀 워크숍의 교통편까지 챙기는 꼼꼼함, 하지만 동시에 그 속에 숨은 통제의 그림자. "나한테 보고도 안 하고 누구 마음대로 이렇게 했어?" 이 한마디에 부서원들은 새파랗게 질려버리곤 했다.

자, 여기서 흥미로운 반전이 시작된다. 그가 임원으로 승진했을 때다. 마치 셰익스피어의 비극처럼, 그의 강점이 약점으로 돌변하는 순간이었다.

그 후로 어떤 일이 벌어졌을까?

첫째, 그의 '완벽한 통제'는 조직이 커지면서 한계에 부딪혔다. 모든 결정이 그를 통해서만 이뤄져야 했으니, 부서원들은 숨이 막혔다. 마치 산소가 부족한 높은 산처럼, 사람들은 하나둘 그곳을 떠났다.

둘째, 혼자 모든 걸 해결하려는 습관이 발목을 잡았다. 단위 과제는 잘 풀어냈지만, 여러 부서가 얽힌 협업에서는 통하지 않았다. 마치 19대 1의 전설적인 주먹질처럼, 홀로 모든 전선을 방어하려 했지만 결국 지쳐갔다.

내가 코칭 현장에서 자주 보는 패턴이 있다. 뛰어난 실무자일수록 '위임'을 두려워한다. 왜? 자신만큼 일을 잘할 사람이 없다고 믿기 때문이다. 하지만 이게 함정이다. 리더의 역할은 '혼자 다 하는 것'이 아니라 '함께 만들어가는 것'이다.

그는 결국 회사를 떠났다. 부서원들의 무능력과 안이함, 그리고 그것을 용인하는 회사의 문화를 탓하며.

코치: 팀장님께서는 부서원들을 얼마나 신뢰하고 계신가요?

고객: 괜찮은 직원들도 있지만, 솔직히 경험 면에서 저만큼은 못하죠. 제가 직접 확인해야 실수를 줄일 수 있다고 생각합니다.

코치: 부서에서 다루는 일 중 회사 성과에 큰 영향을 미치는 중요한 업무는 어느 정도 비중인가요?

고객: 제가 맡은 일의 30~40%는 잘못되면 회사에 큰 영향을 줄 수 있

다고 믿고 있습니다.

코치 : 그렇다면 나머지 60~70%는요?

고객 : 음... 우리 부서를 바라보는 외부의 시각도 고려해야 해서, 완벽하게 하고 싶은 마음은 있지만, 중요하지 않은 일까지 제가 모두 결정하고 싶지는 않아요. 그런데 팀원들이 제 결정을 기다리는 경우가 많아요.

코치 : 팀원들은 자신들이 어느 정도까지 결정할 수 있다고 느낄까요? 혹시 그런 이야기를 나눠본 적이 있으신가요?

고객 : 회사의 전결 규정이 있으니, 그에 따라 하면 되지 않나요?

코치 : 팀장님께서 직접 결정하시는 일들, 예를 들면 업무 과정에서의 일하는 방식이나 역할 분담 같은 것들도 전결 규정에 포함되나요?

고객 : 아니요, 전결 규정은 중요한 의사결정에 대해서만 다룹니다. 업무 방식 같은 건 팀 내에서 알아서 하는 거죠. 그런 것까지 규정으로 정할 수는 없을 겁니다.

산하 임원 워크샵에서 내가 자주 던지는 질문이 있다. "여러분, 오늘 결정하신 일 중에 정말 중요한 일이 몇 개나 있었습니까?" 회사 시스템에는 한계가 있다. 의사결정 권한과 위임 범위는 빽빽하게 규정해 놓고 있다. 마치 도시계획처럼 말이다. 하지만 일하는 방식? 그건 마치 바람 같아서 규정할 수도, 할 필요도 없다. 그런데 여기서 문제가 시작된다. 어떤 리더들은 '권한과 책임'이라는 그럴듯한 이름표를 달고 사소한 것까지 전부 자기가 결정하려 든다. 마치 모든 물줄기를 통제하려는 댐처럼 말이다.

리더와 팀원이 지쳐가는 순간, 그건 대부분 중요한 의사결정 때문이 아니다. 사소한 업무 처리 방식을 두고 벌어지는 줄다리기 때문이다. "이건 이렇게 해야지", "아니, 저렇게 해야지" 하는 식의.

특히 이런 말이 나올 때는 조직의 생기가 빠져나가는 순간이다. "누구 마음대로 이런 식으로..." 이 한마디가 나오면? 팀원들은 마치 겨울잠 자는 동물처럼 움츠러든다. 그러고는 모든 걸 리더에게 떠넘긴다.

리더는 두 가지를 명확히 해야 한다. 첫째, 자신이 반드시 결정할 것과 그렇지 않아도 되는 것의 경계. 둘째, 이 경계에 대한 팀원들과의 암묵적 합의. 마치 부모와 자녀 사이의 약속처럼 말이다. 더 중요한 건 일관성이다. 경계선이 오늘은 여기 있다가 내일은 저기 있으면? 팀원들은 또다시 리더의 뒤로 숨어버린다. 마치 불안한 아이들처럼 말이다. 내가 코칭에서 자주 하는 말이 있다. "의사결정은 도구지 목적이 아니다." 이건 일을 잘하기 위한 거지, 모든 걸 장악하거나 누군가를 압박하기 위한 게 아니다.

머시 중한디? 조직을 운영할 때, 리더들이 한 번쯤은 생각해 봐야 할 화두이다.

인생을 갈아 넣은 리더들

　　　　　　　"대기업에서 팀장, 임원이 되려면 인생을 갈아 넣어야 해." 틀린 말은 아니다. 남들보다 더 많은 시간과 열정을 쏟아부어야 하는 것이 현실이니까.

　최근 대기업에서는 팀장직을 기피하는 현상이 두드러지고 있다. 그 이유는 무엇일까? 책임은 산더미처럼 쌓여 있는 데 반해, 권한은 실처럼 가늘다고 느끼기 때문이다. 업무 부담은 나날이 커지고 스트레스는 폭포수처럼 쏟아지는데, 이에 따르는 보상은 기대에 크게 못 미친다는 것을 구성원들이 이미 알고 있다.

　이런 상황에서 팀장이란 자리는 어떻게 변했을까? 임원 진급을 위한 통과의례, 그 정도의 의미로 축소되었다. 하지만 더 큰 문제가 있다. 인생을 온전히 바쳐도 임원 승진이 보장되지 않는 게임이라는 점이다. 보통 열 명의 팀장 중 한두 명만이 임원 자리에 오를 수 있다. 나머지는 팀장으로 머물며 후배들의 날카로운 시선을 감내해야 한다. 때로는 부장급 평사원으로 돌아가기도 하는데, 그때 받는 상처는 마치 깊은 협곡으로 추락하는 듯한 고통을 준다.

내게 코칭을 받으러 오는 분들은 대부분 이런 질문을 던진다. "어떻게 하면 임원이 될 수 있을까요?" 그러나 그 물음 속에는 더 깊은 고민이 담겨있다. '과연 임원이란 자리가, 내 인생의 전부를 걸어볼 만한 가치가 있는 걸까?' 이런 근원적인 질문 앞에서 갈등하는 이들이 많다.

한편 이렇게 선언하는 이들도 있다. "회사가 내 인생을 통째로 바치라고 요구하지만, 난 그런 삶은 살지 않겠어." 어느 쪽이든, 이는 개인의 인생관과 가치관의 문제다. 누구의 선택이 옳고 그르다고 단정 지을 수 없다. 마치 산길이 여러 갈래로 나뉘어 있듯, 각자가 자신만의 길을 선택하는 것이다.

고객: "코치님, 저는 임원을 목표로 계속 나아가야 할까요, 아니면 그냥 편하게 살아야 할까요?"

코치: "임원이 되는 것에 대해 고민하시게 된 특별한 계기가 있으신가요?"

고객: "요즘 들어, 회사에 몸담고 있는 이상 임원이란 자리를 한 번쯤은 도전해 봐야 하지 않나 하는 생각이 들어요. 그런데 또 다른 한편으로는 여유로운 삶을 살고 싶은 마음도 있고요."

코치: "팀장님께서 생각하시는 임원 승진의 의미는 무엇인가요?"

고객: "아마도 저 자신을 인정받는 일이 아닐까요? 그리고 사회에서 저를 바라보는 시선도 무시할 수 없을 것 같고요."

리더에서 코치로 ——

코칭을 하면서 흥미로운 발견을 했다. 임원이 되고자 하는 이들의 마음 깊숙한 곳에는 한 가지 강렬한 욕구가 자리를 잡고 있었다. 바로 '인정받고 싶다'라는 열망이다. 그런데 여기서 우리가 놓치고 있는 것이 있다. 회사가 우리에게 인생을 바치라고 한 적이 있던가? 그렇지 않다. 우리가 스스로 인정받기 위해 모든 것을 바치면서, 그 책임을 회사에 전가하고 있는 것이다. 마치 도망가는 그림자를 쫓듯이.

인정에 대한 갈망은 비단 회사만의 이야기가 아니다. 어떤 공동체든, 많은 이들이 이 '인정'이라는 함정에 빠져 자신도 모르게 삶을 소진하고 있다. 이 '인정'이라는 것의 본질을 들여다보자.

첫째, 인정의 주체와 객체는 누구인가? 인정이란 본래 우위에 있는 자가 그렇지 않은 자에게 베푸는 것이다. 달리 말하면, 자존감이 낮은 이가 권력자에게 구하는 것이 인정이란 말이다. 그런데 우리는 지금 정체불명의 '타인'에게 인정받으려 애쓰고 있다.

둘째, 무엇을 인정받으려 하는가? 직장에서는 대개 '쓸모'를 인정받고자 한다. 하지만 그 가치를 누가 정의했는가? 인간이란 존재가 경제적 가치로만 평가받아야 하는가? 어떤 이들은 '선량한 사람'으로 인정받고자 자신의 감정을 억누르기도 한다. 그 '선함'의 기준은 또 누가 정한 것인가?

셋째, 인정을 받으면 무엇이 달라지는가? 승진? 급여? 타인의 존경? 이것들이 과연 인생을 걸만한 가치가 있을까? 승진하지 못하면 모든 것이 허사가 되는 도박에 인생을 걸어도 좋은 것일까?

나는 코칭에서 이런 말을 자주 전한다. "인정받고 싶은 욕구가 강한 것은 사회적 존재로서 자연스러운 일이에요. 성과를 내는 사람일수록 이런 특성이 두드러지죠." 코칭에서도 고객을 인정하고 격려하라고 가르친다. 그렇다. 타인을 인정하는 것은 바람직한 일이다.

그러나 자신을 인정하지 못한 채 타인의 인정만을 좇는 것은 마치 실체 없는 그림자를 쫓는 것과 같다. 겉으로만 화려한 삶이 되고 만다. 진정으로 강인한 사람, 자신의 삶을 주도하는 사람은 누구일까? 바로 스스로를 온전히 인정할 줄 아는 사람이다.

"당신은 지금 누구에게, 무엇을 인정받으려 하나요?"

이 질문을 던지며, 사실 나는 내 자신에게도 묻고 있었다. 그렇다. 나는 도대체 누구에게, 무엇을 인정받고자 이러고 있는 것일까?

자세히 보아야 예쁘다

중소기업 임원 코칭 중에 만난 한 고객의 이야기다.

고객: 코치님, 비록 회사에서 지원하는 프로그램이라지만, 저는 회사 일보다는 집사람과의 관계를 개선하는 방법에 대해 코칭 받고 싶어요. 제게는 그것이 가장 중요하고 급한 문제입니다. 어떻게 하면 집사람과 잘 지낼 수 있을까요?

그 임원은 회사가 집에서 멀리 떨어져 있어 주말부부로 지내고 있었다. 집에서는 아내가 선천적으로 지체 장애를 앓고 있는 아들을 혼자서 돌보고 있었다. 주말에 집에 가면 서로 대화가 거의 없고, 조금이라도 얘기를 시작하면 곧바로 다툼으로 번지곤 한다고 했다.

고객: 저는 집사람을 도저히 이해할 수가 없어요. 너무 잔소리가 심합니다. 웬만하면 집사람이 원하는 걸 해주려고 노력해요. 집사람 성화에 함께 교회에도 가고, 봉사활동도 하고, 집사람이 힘들어하니까 애 데리고 나가 시간도 보내고, 집 안 청소도 합니다. 금요일 밤에 집에 가서 일

요일 저녁에 돌아올 때까지 저도 정말 피곤하거든요. 그런데도 계속 저한테 잔소리를 해요. 집에 오면 TV만 보고 나랑 대화도 안하고 하숙객이냐, 나를 사랑하기는 하냐, 급한 성격 좀 고쳐라, 성경책 읽어라, 혼자 있을 때 술 마시지 말고 운동 좀 해라, 얘기할 때 진정성이 안 보인다… 매일 전화해서 저를 체크합니다. 전화했을 때 혹시 제가 술 마신 목소리라도 나면 잔소리가 엄청 심해요. 그래서 이제는 아예 전화를 피합니다. 그런데 전화를 안 받으면 또 "술 마시고 있었냐"며 잔소리를 해요. 아내가 아들 때문에 힘든 건 이해합니다. 하지만 돈이 들더라도 사람을 좀 쓰거나, 아들을 주간보호센터에 자주 보내서 자기 시간을 가지면 좋을 것 같은데, 그렇게는 안 하면서 계속 저에게 힘들다고만 해요. 그렇다고 제가 회사 일을 팽개치고 집에 있을 수도 없잖아요. 저도 주중에는 회사 일로 스트레스를 받고, 주말에는 또 집사람 때문에 스트레스를 받아요. 그러다 보니 술 마시는 횟수도 점점 늘고 있고, 이렇게 가다가는 제가 폐인이 될 것 같아요.

대화가 계속되면서 고객은 아내가 진정으로 행복해지기를 바라고 있었고, 화목한 가정을 꿈꾸고 있었다. 그는 이를 위해 무엇이든 할 자신이 있었지만, 어떻게 해야 할지 몰라 답답해하고 있었다.

코치 : 실장님은 사모님이 진정으로 원하는 것을 얼마나 알고 계신가

요?

고객: 글쎄요. 앞에서 말한 것들, 그러니까 술, 담배 하지 말고, 성격 고치고, 성경책 읽으라는 게 아닐까요? 그런데 제가 그런다고 집사람이 정말 행복해질까요?

코치: 아내분이 요구하시는 것들은 전부 실장님에게만 좋은 것들이네요. 실장님이 그렇게 하면, 아내분에게는 무엇이 좋아질까요?

고객: ...

코치: 제가 느낀 점을 조금 말씀드려도 될까요?

고객: 네, 한번 말씀해 보세요.

코치: 제가 들은 바로는, 사모님이 하시는 말씀들은 실장님을 비난하기 위해서가 아니라, 함께 더 나은 삶을 꿈꾸고 계신 것 같아요. 예를 들어, 술 마시지 말라는 것은 부부가 건강하게 오래 살아서 아드님을 끝까지 보살펴 주자라는 메시지로 들립니다. 운동하라는 것은 실장님이 아드님과 야외 활동을 함께하면서 부자간의 정을 쌓고, 사모님에게도 온전히 쉴 시간을 주시기를 바라는 마음인 것 같고요. 성경책 읽으라는 것은 읽은 내용을 바탕으로 실장님과 대화하며 정서적으로 교감하고 싶으신 거 아닐까요? 교회에 가서 봉사활동을 하자는 것은 단순히 종교적 이유뿐만 아니라, 부부가 함께 보람 있는 시간을 보내길 원하시는 것으로 보입니다. 또, 사모님이 힘들다고 말씀하시는 것은 단순히 도움을 요청하는 것이 아니라, 자신의 마음과 고충을 알아주고 위로해 주기를 바라시는

것으로 느껴져요.

사람을 안 쓰고 주간 보호센터에 자주 보내지 않는 이유는, 비용을 절약해 아드님의 미래를 대비하려는 마음, 그리고 자신이 힘들더라도 아드님을 조금 더 배려하려는 책임감에서 비롯된 게 아닐까 생각됩니다.

참 신기한 일이 벌어졌다. 다섯 번의 코칭을 더 이어가면서, 작지만 놀라운 변화들이 일어난 거다. 마치 겨울 끝에 봄이 오듯, 서서히 그렇지만 확실하게.

우리는 여러 가지 대화 기법을 연습했다. 상대방의 말에 공감을 표현하는 LENS 경청, 자신의 마음을 알아차리기, 말하기 전에 잠깐 멈추는 것. 얼핏 보면 별것 아닌 것 같은데, 이게 웬일일까?

아내가 이런 말을 했다고 한다. "오랜만에 내가 정말 존중받는 느낌이에요." 그동안 얼마나 목말랐으면... 한편으로는 마음이 아프기도 하다. 고객도 달라졌다. 아내로부터 진심 어린 인정을 받게 된 거다. 이런 게 바로 진정한 인정 아닐까? 타인에게 구걸하는 인정이 아니라, 가장 가까운 사람과 나누는 진실된 교감.

그리고 더 아름다운 변화가 찾아왔다. 가족과 함께하는 특별한 시간이 하나둘 생겨난 거다. 매일 아침저녁으로 아내분과 함께하는 10분간의 가족을 위한 기도. 성경 구절을 나누는 따뜻한 통화. 아들과 함께 페달을 밟으며 나누는 대화. 딸에게 마음을 담아 쓰는 손 편지.

리더에서 코치로 ———

< 풀꽃 >

나태주

자세히 보아야
예쁘다
오래 보아야
사랑스럽다
너도 그렇다.

자세히 오래 본다는 건... 참 깊은 말이다. 그냥 눈으로 보는 게 아니다. 관찰이라는 렌즈로 들여다보고, 이해라는 망원경으로 더 가까이 들여다보고, 공감이라는 현미경으로 더 세밀하게 들여다보는 거다. 이 세 가지가 하나로 녹아들 때, 비로소 진정한 '봄'이 시작되는 거다.

문득 씁쓸한 깨달음이 찾아왔다. 우리는 얼마나 많은 관계를 그저 '존재'로만 채우고 있을까? 매일 아침 마주치는 가족의 얼굴, 늘 듣는 목소리, 익숙한 행동들... 하지만 정작 그들의 마음속은 들여다보지 않은 채. 마치 같은 집에 살면서도 각자 다른 섬에 사는 것처럼.

그분의 이야기를 듣다가 문득 나 자신을 돌아보게 됐다. 나는 과연 우리 가족을 얼마나 자세히, 또 얼마나 오래 보았을까? 아침마다 마주치는 아내의 표정에 담긴 피로를 알아챘나? 아이의 말 속에 숨어있는 외로움을 들었나? 부모님의 전화 목소리에 묻어나는 그리움을 느꼈나?

자세히 보지 않으면 보이지 않는 게 있다. 오래 보지 않으면 알 수 없는 게 있다. 그리고 그 '봄'이 없다면, 우리는 그저 시간과 공간을 공유하는 낯선 동거인일 뿐이다. 이제 다시 시작해 볼까? 가족의 얼굴을 자세히 보는 것부터. 말 속에 담긴 진심을 찾아보는 것부터. 습관적으로 지나쳤던 순간들을 다시 한번 들여다보는 것부터.

왜냐하면 진정한 사랑은, 자세히 오래 보는 데서 시작되니까.

Part 5

코칭의 진실과 의미

지은이 임성배

코칭 과정에서 느낀 의문점과 시사점, 나아가야 할 방향과 그 의미를 형식에 얽매이지 않고 편안하게 서술하였습니다. 코칭에 입문하거나 관심이 있는 분들이 겪을 수 있는 시행착오나 의구심을 제 경험을 통해 간접적으로 체험하여, 올바른 리딩코칭으로 나아가시길 바라는 마음입니다. 이 글이 여러분께 소소하지만 작은 행복이 되기를 기원하며 작성하였습니다.

코치의 마음에 울리는 메아리
– 진정한 코칭의 의미를 찾아서

　　　　　삶의 여정에서 타인의 길잡이가 되는 일, 그것은 마치 어둠 속에서 등대가 되어주는 것과 같습니다. 코칭을 하면서 내 마음 한편에는 늘 잔잔한 파문이 일렁입니다. 세션이 끝난 후에도 쉽게 가라앉지 않는 이 물결은 때로는 의문으로, 때로는 희망으로 나를 찾아옵니다.

　"과연 제대로 했을까?" 이 질문은 마치 그림자처럼 나를 따라다닙니다. 고객이 자신의 결정을 실천으로 옮기고, 그것이 진정한 인생의 전환점이 되었을까 하는 생각이 밤늦도록 나를 깨어있게 합니다. 물론 고객 대부분은 코칭이 끝날 때 "도움이 되었다.", "잘해보겠다."라는 긍정적인 피드백을 줍니다. 하지만 이런 말들이 진정 어떤 의미를 담고 있는지, 그 깊이를 가늠하기란 쉽지 않은 일입니다.

　코칭의 완성은 단순히 세션의 종료나 그에 따른 보상에 있지 않습니다. 진정한 코칭은 고객이 현실을 직시하고, 더 나은 방향으로 나아가기 위한 계획을 세우고 실천하여, 언젠가 "그때 그 코칭이 내 인생의 방향타가 되어주어서 감사하다."라는 메아리가 돌아올 때 비로소 완성되는 것입니다.

지금까지 만난 수많은 고객, 그들은 지금 어떤 모습으로 살아가고 있을까요? 우리가 나눈 진심 어린 대화들이 그들의 삶 속에서 어떤 형태로 꽃피우고 있을까요? 이런 궁금증과 바람은 여전히 내 마음속에서 꿈틀거립니다.

현실적으로 코칭 몇 회로 인생이 극적으로 바뀌진 않을 것입니다. 하지만 처음부터 정성을 다해 진행한다면, 코칭의 가치와 위상이 높아지고, 코치들의 보람 또한 더욱 깊어질 것이라 믿습니다. 나는 코칭이 정해진 시간과 회기로 끝나는 것이 아닌, 지속적인 소통이 가능한 열린 채널이 되어야 한다고 봅니다. 5~6회의 형식적인 만남이 아닌, 필요할 때마다 연락할 수 있는 인연으로 이어지기를 바랍니다.

진정한 코치의 가치는 화려한 타이틀이나 코칭 시간의 길이가 아닙니다. 얼마나 진심으로 고객과 함께하며, 그들이 장벽을 넘어 새로운 도전과 성취를 이뤄내도록 도왔는가에 있습니다. 그들의 입에서 코칭의 의미가 회자할 때, 비로소 진정한 코치로서의 보람이 피어나는 것입니다.

코칭의 진정한 의미, 기다림과 경청의 예술

코칭을 시작하면서 저는 깊은 내적 갈등을 경험하게 되었습니다. 특히 고객이 "어떻게 하면 되나요?"라고 물어올 때마다, 그들의 얼굴에 스치는 미묘한 실망감을 마주하는 것이 가장 큰 도전이었습니다.

"답을 요구했는데 다시 질문을 하네!", "도대체 가르쳐 주지도 않고, 그러면 왜 코칭을 하라고 하는 건데…"라는 무언의 반응을 마주할 때마다, 제 마음속에서는 깊은 고민이 일었습니다.

제 머릿속에는 수많은 해결책이 떠올랐습니다. 오랜 경험에서 우러나온 방법들을 즉시 제시하고 싶은 충동이 일었지만, 코칭의 본질은 '빠른 해결'이 아닌 '함께하는 성장'이라는 것을 끊임없이 상기해야 했습니다.

이러한 상황을 부부관계에 비유해 보고 싶습니다. 부부가 같은 침실에서 지내듯, 코치와 고객은 긴밀한 신뢰 관계를 유지해야 합니다. 마치 배우자가 잠을 이루지 못할 때 발바닥과 종아리를 주물러주는 것처럼, 코치는 고객의 필요에 섬세하게 반응해야 합니다.

하지만 여기서 중요한 점은, 안마를 해주기 전에 "어디가 가장 불편

리더에서 코치로 ───────

해?"라고 물어보는 것입니다. 코치의 편의대로 마사지하는 것이 아니라, 고객의 필요를 정확히 파악하고 그에 맞춰 도움을 제공해야 합니다.

이처럼 코칭에서는 우리의 모든 선입견과 조급함을 내려놓고, 고객의 목소리에 진정으로 귀 기울이는 것이 핵심입니다. 때로는 불편한 침묵 속에서 기다려야 할 때도 있습니다. 그 기다림이 있어야 고객은 자신만의 해답을 찾아갈 수 있습니다.

결국 진정한 코칭의 힘은 적절한 질문에 있습니다. 이는 단순한 기술이 아닌, 인내와 존중이 깃든 깊은 예술입니다. 고객의 내면에 이미 존재하는 답을 끌어내는 것, 그것이 바로 코치의 사명이라고 생각합니다.

고객이 스스로 내린 결정은 타인의 경험이나 일반적인 관행에 비해 실천과 도전의 원동력이 훨씬 강합니다. 이러한 자발적 결정은 성공 가능성을 크게 높인다는 것을 코칭 현장에서 생생하게 경험하고 있습니다.

최근 제가 코칭하고 있는 두 팀장의 사례를 통해 의사 결정의 중요성과 그에 따른 성공 가능성을 비교해 볼 수 있었습니다. A라는 리더는 성격이 온화하고, 코치와의 만남에서도 부담 없이 단계마다 성실하게 준비하고 실천하며, 그 결과를 다음 코칭 시간에 상세히 공유해주는 분입니다. 반면 B라는 리더는 큰 키와 호감을 주는 외모를 가졌지만, 어딘가 불안정해 보이고 실천을 약속할 때도 구체성 없이 두루뭉술하게 넘어가려는 경향이 있어, 어떻게 하면 스스로 변화할 수 있을지 깊이 고민하며 코칭을 진행하게 되었습니다.

A 리더의 경우, 지시받은 일은 완벽하게 수행하지만 창의적 사고를 발휘할 수 있도록 하는 것이 과제였습니다. B 리더는 모호한 계획들을 구체적인 실천으로 옮기도록 하는 것이 중요했습니다. 그래서 각각의 특성에 맞는 적절한 질문을 찾아가는 여정을 시작했습니다.

A 리더에게는 업무 외의 새로운 관점에서 생각할 수 있는 질문들을 던져보았습니다. "가장 닮고 싶은 사람은 누구인가요?", "왜 그렇게 생각하게 되었나요?", "그 사람은 당신에게 어떤 의미가 있는 분인가요?" 이 세 가지 질문을 통해 A 리더는 인생과 조직에 대해 새로운 시각을 발견하게 되었고, 자신의 롤모델을 노트북에 붙여두고 일상생활 속에서 실천하며 녹여내고 있다는 이야기를 후속 코칭에서 자랑스럽게 피드백 해주었습니다. 이를 통해 코칭의 보람과 고객의 성공을 미리 예감할 수 있었습니다.

B 리더에게는 더 구체적인 질문으로 세부적인 실천을 유도해 보았습니다. "잘하겠다", "도움이 된다", "표정을 바꾸겠다" 등의 추상적인 다짐에서 벗어나, 업무 내용을 하루에 한두 줄씩 정리해서 공유하기, 감사한 마음을 하트로 표현하기, 먼저 인사하기 등 작은 변화들로 상대방을 내 편으로 만드는 시도를 해보았습니다. 지금까지는 큰 성과로 이어지지 않았지만, 매주 한 번씩 감동을 준말이나 결과를 공유하면서 B 리더도 곧 새로운 길을 찾아 조직 생활을 성공적으로 이끌어갈 수 있으리라 기대합니다.

리더에서 코치로 ————

이제 의사 결정의 성공적인 마무리는 '좋은 질문'에 달려있다고 확신합니다. 고객이 직접 고민하고 판단하여 실천하는 기본은 제대로 된 질문에서 시작됩니다. "아, 내가 그래서 이렇게 되었고, 이런 것까지는 생각하지 못했는데, 이제는 스스로 그 원인과 방향을 알았으니, 책임감을 가지고 해보겠습니다"라는 내면의 결단이야말로 성공으로 가는 최선의 길임을 다시 한번 깊이 느끼게 됩니다.

코치로써 목표 달성을 위한
현재 실천 방안은 어떤 것이 있을까요?

우리는 코치로서 늘 고객의 목표 달성을 중심에 두고, 그들이 올바른 길을 찾도록 격려하고 응원하는 것을 당연하게 여깁니다. 하지만 때로는 그 목표 달성이 코치인 저 자신에게도 필요한 과제로 다가올 때가 있다는 것을 깨닫게 되었습니다.

이번에는 코치가 느끼는 "나의 목표 달성 사례"를 이야기해 보고자 합니다. 이는 직접적인 일대일 코칭은 아니었지만, 그룹 코칭을 진행하면서 '나는 무엇을 해볼까'라는 자문을 통해 시작된 특별한 여정입니다. 처음 시작했을 때의 제 모습과 현재의 모습, 그리고 앞으로 그려나갈 미래의 모습을 돌아보며 저만의 행복과 도전을 만들어갈 수 있다고 생각하게 되었습니다.

지난해 초, "벽을 뚫으면 문이 나온다"라는 의미심장한 슬로건으로 시작된 화상 그룹 코칭은 제게 특별한 도전이었습니다. 40~60세 사이의 여성 참가자들이 대부분인 6인 그룹에서, 여성들과의 모임을 어려워하고 부끄러워하는 제게는 처음부터 적지 않은 부담으로 다가왔습니다.

하지만 함께 이야기를 나누며 진행하는 과정에서, 참가자들의 적극적인 태도와 진솔한 삶의 경험들은 제게 새로운 시각을 열어주었습니다. 특히 첫 주제였던 '인생의 기상도 그리기'는 깊은 통찰을 안겨주었습니다. 10대부터 60대까지의 삶을 기상 현상으로 표현하는 것은 처음 시도해 보는 경험이었습니다.

여성분들의 현재 위치와 삶을 돌아보며 '그래도 잘 살아왔다'라고 생각했지만, 함께한 여성들은 자신의 삶을 폭풍, 천둥번개, 흐린 날씨 등 각양각색으로 표현했습니다. 특히 한 여성의 이야기에 모든 참가자가 깊이 공감하며 눈물을 쏟는 모습을 보면서, 제 자신의 삶을 다시 한번 깊이 성찰하게 되었습니다. 아마도 여성으로서 느끼는 공감대가 제가 경험한 것보다 훨씬 더 깊고 강했던 것 같습니다.

그 시간 동안 참가자 대부분은 인생의 벽은 언제나 존재하지만, 그들 모두가 그 벽을 뚫고 나가서 새로운 문을 만들어냈고, 이제는 그 고통스러운 기억에서 벗어나 새로운 삶과 도전을 시작한다고 이야기했습니다. 저는 그들의 용기 있는 모습에 진심 어린 박수를 보내면서, 동시에 제 자신에 대한 의문이 생겼습니다. '과연 나는 잘 살아왔다고 하는데, 지금의 모습과 앞으로의 모습은 어떻게 만들어가고 있는가?'라는 깊은 성찰의 순간을 맞이하게 되었습니다.

참여 여성들의 삶의 이야기를 들으며, 저는 깊은 자각에 빠지게 되었습니다. 현재의 삶을 그대로 유지한다면 그분들보다도 못한 여생을 살게 될 수 있다는 불편한 진실이 제 마음을 무겁게 눌렀고, 이는 새로운 목표를 설정하여 저만의 성공 신화를 만들어야겠다는 결심으로 이어졌습니다.

최근 김미경 강사의 유튜브 영상에서 흥미로운 관점을 접하게 되었습니다. 우리의 기대수명이 100세를 넘어가는 시대에서, 과연 우리의 실제 나이는 어떻게 계산해야 할까요? 30년 전을 기준으로 보면, 평균수명 60세일 때의 중간 나이는 29세 전후였습니다. 그러나 현재 백 세 시대에서는 50세가 중간 나이가 됩니다. 이런 관점에서 보면, 제 나이 62세는 실제로는 17년을 뺀 45세라고 생각할 수 있다는 것입니다.

'내 나이가 45세라면 앞으로 무엇을 할 수 있을까?' 이 질문은 제 안에 무한한 가능성을 열어주었고, 정말 하고 싶은 일들이 우후죽순 피어나기 시작했습니다. 새로운 목표가 생긴 것입니다. 작년부터 저는 두 가지 구체적인 목표를 세우고 그 달성을 위해 꾸준히 노력하고 있습니다.

첫 번째 목표는 책을 신중히 선택하여 그 내용을 깊이 이해하고 내면화하여, 저에게 맞는 목표와 계획을 수립하여 실천하는 것이었습니다. "아주 작은 반복의 힘"이라는 책은 끝까지 읽어내게 만드는 매력이 있었고, 다른 책들에 비해 분량이 적어 접근하기 쉬웠습니다. 특히 낭독하며 읽다 보니 집중도도 훨씬 높았습니다. 1년이 조금 지난 지금, 약 7번 정도 반복해서 읽었는데, 다섯 번째 읽을 무렵부터는 내용이 자연스럽게 머리에 들어오고, 같은 내용이라도 이전에는 발견하지 못했던 새로운 의미들을 발견하게 되었습니다. 이를 통해 왜 반복 독서가 중요한지 깨닫게 되었습니다.

두 번째로 선택한 책은 정호승 시인의 "내 인생에 용기가 되어준 한마디"입니다. 500페이지가 넘는 산문집이라 처음에는 '과연 내가 낭독하면서 잘할 수 있을까?', '억지로 읽는 것이 도움이 될까?' 하는 여러 의구심이 들었습니다. 하지만 초기에는 그저 소리내어 읽는 것에 집중하고, 5~10분이라도 꾸준히 하자는 마음가짐으로 시작했습니다. 1년이 지난 지금, 책의 내용이 진정한 의미로 다가오기 시작했고, 특히 감동적인 부분들은 노트에 기록하고 가장 친한 지인과 공유하면서, 저 혼자만의 성장이 아닌 주변 사람들과 함께하는 희망의 메시지가 되었습니다.

현재 이 책도 네 번째 낭독을 진행하고 있지만, 이제는 '언제 읽을까'가 아닌 '어떤 의미를 발견할까'에 집중하게 된 것이 제게는 가장 큰 변화라고 생각합니다.

앞으로의 제 모습을 그려보며, 어떤 목표를 세우고 어떻게 실천해 나갈지 깊이 고민하게 됩니다. 이러한 고민과 실천이 성공으로 이어질 때, 비로소 진정한 자신감과 성취감을 얻을 수 있고, 코치로서도 더욱 당당하게 역할을 수행할 수 있으리라 믿습니다.

두 번째 실천 과제로 저는 '코칭을 나의 영원한 벗으로 만들기' 프로젝트를 진행하고 있습니다. 현재 새로운 직장에서 일하고 있지만, 이는 언젠가는 끝이 있는 일이고 주위의 시선도 고려해야 하기에 적절한 시기에 아름답게 마무리해야 할 것입니다.

그러나 코칭은 다릅니다. 이는 제가 하기에 따라 무한한 가능성이 열려있는 영역입니다. 저의 가치는 스스로의 노력으로 높일 수 있고, 고객이 찾아올 때까지 꾸준한 자기 계발과 인지도를 유지한다면, 백세시대에 가장 적합한 직업이 될 것이라 확신합니다. 코칭이 때로는 고독한 여정처럼 느껴질 수 있지만, 실제로는 늘 함께할 동반자가 있어야 외롭지 않고 힘들지 않다는 것을 깨달았습니다.

마지막으로 저는 코치 동료들과 함께 이야기하고 즐길 수 있는 따뜻한 울타리를 만들어가고 싶습니다. 모든 동료가 건강하고 활기찬 모습으로 살아가는 이웃이 되기를 간절히 바랍니다. 이러한 목표를 향해 나아가는 제 자신을 바라볼 때면, 가슴이 뿌듯해지고 '할 수 있다'라는 굳건한 자신감이 솟아오릅니다.

지금의 저는 코치로서 분명한 목표를 가지고 있고, 그 목표를 달성하기 위해 한 걸음씩 전진하고 있습니다. 이 여정에서 만나는 모든 도전과 경험들이 저를 더욱 성장시키고, 더 나은 코치로 만들어줄 것이라 믿습니다. 함께하는 동료들과의 소중한 인연을 통해, 우리 모두가 서로에게 힘이 되어주는 진정한 코칭 커뮤니티를 만들어갈 수 있기를 희망합니다.

안전 문화 코칭의 태동과 가치 창출, 생명을 지키는 새로운 패러다임

코칭의 영역이 점차 확대되면서, 새로운 비즈니스 분야들이 속속 등장하고 있습니다. 비즈니스 코칭을 시작으로 부부 코칭, 가족 코칭, 감정 코칭 등 다양한 분야로 확장되어 왔는데, 이제는 인간의 생명을 최우선으로 하는 현장에서의 '안전 코칭' 또는 '안전 문화 코칭'이라는 새로운 영역이 주목받고 있습니다.

인간의 본성을 들여다보면, 우리는 대체로 편안하고 쉬운 것을 선호하며, 복잡한 것보다는 단순한 것을, 천천히 하는 것보다는 빨리 끝내고 싶어 하는 욕구와 습관을 가지고 있습니다. 이러한 성향이 현장에서 발현될 때, 어딘가 모를 불안감과 불길함이 느껴지더라도 '그동안 괜찮았으니까', '별일 있겠어?'라는 안일한 생각으로 넘어가다가 때로는 생명을 앗아가는 중대한 사고로 이어지곤 합니다.

이러한 위험을 예방하고자 사업주와 경영진들은 내부 절차를 수립하고, 위반 시 처벌까지 동원하며 사고 예방에 힘쓰고 있습니다. 하지만 정작 일을 하는 당사자들의 마음가짐과 행동이 바르게 정립되지 않으면,

리더의 모든 노력이 물거품이 되는 경우가 많습니다. 이는 단순히 개인의 문제를 넘어 회사의 존폐와 발전에까지 심각한 영향을 미치는 현실적인 문제가 되고 있습니다.

반대로 더욱 심각한 문제는, 구성원들의 생명보다 이윤을 우선시하는 악덕 사업주들이 적절한 안전 절차나 시설 개선 없이 위험한 작업을 강행하는 경우입니다. 이들은 직원들을 가족이 아닌 하나의 소모품으로 여기는데, 이런 경우에는 분노를 넘어 강력한 처벌을 통해 그들이 다시는 산업 현장에 발을 들일 수 없도록 해야 합니다.

이러한 현실에서 안전 문화 코칭은 단순히 규정과 처벌만으로는 해결할 수 없는, 사람의 마음과 행동의 근본적인 변화를 이끌어내는 새로운 접근방식이 되어야 합니다.

안전관리의 핵심은 "사고는 사전에 예방해야 하고, 불가피하게 발생 시 그 피해를 최소화하는 것"이라고 정의됩니다. 이러한 맥락에서 안전 문화 코칭은 사고 발생의 주요 원인이 되는 불안전한 상태와 불안전한 행동을 문화적 차원에서 해결해 나가는 활동이라고 할 수 있습니다. 불안전한 상태는 사업주의 과감한 시설 투자와 개선을 통해 해결할 수 있지만, 불안전한 행동은 안전 문화 코칭을 통해 획기적으로 감소시킬 수 있습니다.

특히 주목할 점은 문헌과 경험 자료에 따르면 사고의 90% 이상이 불안전한 행동에서 비롯된다는 사실입니다. 이는 코칭을 통한 해결책이 현

리더에서 코치로

재 국가적으로 추진 중인 사고 감소 캠페인과 큰 시너지를 낼 수 있다는 것을 시사합니다.

안전 문화 코칭의 발전 과정을 살펴보면, 약 10년 전부터 코치협회에서 안전 코칭 분과를 설립하여 이를 효과적으로 활용하기 위한 다양한 노력을 기울여왔습니다. 설문조사와 분석, 컨설팅과의 융합 등 지속적인 개발 노력이 이어져 왔습니다.

저의 경우, 2022년 하반기에 KPC 자격증을 취득한 후, 우연한 기회로 협회가 주관하는 안전 코칭 세미나와 자격증 부여 프로그램에 참여하게 되었습니다. 이는 제게 있어 다른 이들과 차별화된 분야에서 가치를 창출할 수 있는 특별한 기회가 되었다고 생각합니다.

이러한 경험을 통해, 안전 문화 코칭이야말로 단순한 비즈니스 영역의 확장을 넘어, 실질적으로 인명을 보호하고 사회적 가치를 창출할 수 있는 중요한 분야라는 확신을 갖게 되었습니다.

자격증 취득 후, 그 활용 방안을 모색하던 중 중소기업의 비즈니스 코칭 제의를 받게 되었고, 특히 안전 환경 담당 리더가 코칭 대상자로 배정되어 안전 문화 코칭을 실제로 적용할 수 있는 소중한 기회를 얻게 되었습니다.

안전 코칭은 사실 비즈니스 코칭의 한 부분으로, 리더십, 조직관리, 구성원 역량관리, 갈등관리 등을 포괄하는 영역 중 하나입니다. 안전 분야의 전문성이 있다면 좋겠지만, 그것이 필수조건은 아닙니다. 오히려 코칭 스킬만 제대로 갖추고 있다면 충분히 효과적인 안전 코칭을 이끌어낼 수 있다고 생각합니다. 핵심은 고객의 이야기를 경청하고 공감대를 형성하면서, 적절한 질문을 통해 스스로 깨달음을 얻도록 돕는 것이기 때문입니다. 이러한 관점에서 KPC 자격을 가진 모든 코치가 이 분야에서 충분한 가치를 창출할 수 있다고 확신합니다.

올해부터는 기존의 '안전 코칭'이라는 용어를 '안전 문화 코칭'으로 발전시켜, 더욱 세분화되고 특화된 영역으로 발전시키고자 노력하고 있습니다. 이를 통해 코칭 시장에서 독자적인 전문성을 확보하고 차별화된 성과를 창출하고자 합니다.

안전 문화 코칭의 성장 가능성은 실로 무궁무진합니다. 기존의 안전 컨설팅만으로는 다루기 힘든 인간의 감정, 행동, 깨달음 등을 '문화'라는 렌즈를 통해 접근함으로써 더 효과적인 변화를 이끌어낼 수 있습니다. 물론 인간의 마음이 갈대처럼 쉽게 변할 수 있다는 우려도 있지만, 작지만 지속적인 반복을 통해 습관화할 수 있도록 지원한다면, 이 영역에서의 가치 창출은 엄청난 잠재력을 가지고 있습니다.

전 세계적으로 안전사고에 대한 관심과 처벌 수위가 높아지고 있음에도 사고 발생률이 획기적으로 감소하지 않는 현실에서, 안전 문화 코칭의 체계적인 도입은 세계의 주목을 받을 수 있습니다. 이는 더 많은 코치에게 영역 확장의 기회와 보람, 그리고 경제적 만족감을 제공할 것입니다.

코칭 분야는 앞으로도 안전뿐만 아니라 다양한 특화 영역으로 지속해서 발전해 나갈 것입니다. 코치로서 이 분야에 발을 들였다면, 일반적이고 획일적인 영역에만 머물지 말고, 자신만의 강점을 파악하여 새로운 사업 영역을 개척하는 것이 중요합니다. 이는 개인의 도전일 뿐만 아니라, 후배 코치들에게도 새로운 길을 열어주는 의미 있는 작업이 될 것입니다.

주춧돌과 코칭, 지지와 연결의 지혜

　　지방 근무 시절 참여했던 "역사 탐방" 프로그램은 조상들의 발자취와 지혜를 되새기며 미래를 그려볼 수 있는 귀중한 기회였습니다. 특히 경주 황룡사 구층 목탑 유적지에서의 경험이 깊은 인상을 남겼습니다.

　해설자의 설명에 따르면, 9층 목탑의 각 층은 신라를 괴롭혀 온 주변국들을 상징했다고 합니다. 1층부터 차례로 일본, 당, 오월, 탐라, 백제, 말갈, 거란, 여진, 고구려를 의미했다고 하는데, 현재는 그 웅장했던 탑의 모습은 사라지고 주춧돌만이 남아 옛 영광을 증언하고 있습니다.

　주춧돌, 영어로 Cornerstone이라 불리는 이 구조물은 단순한 받침돌 이상의 의미를 지닙니다. 기둥의 무게를 받아 땅에 전달하고 기둥을 보호하는 역할을 하는데, 이는 매우 중요한 기능입니다. 주춧돌이 없다면 기둥과 땅이 직접 만나 일시적으로는 형체를 유지할 수 있을지 모르나, 습기가 많은 땅이나 지진과 같은 천재지변 앞에서는 불안정해지거나 무너질 수 있기 때문입니다.

　흥미로운 점은 역사적으로 주춧돌의 품격에도 계급이 있었다는 것입니다. 임금이나 고관대작의 건물에 쓰인 주춧돌은 정교하게 다듬어져 완벽한 받침 역할을 했지만, 서민들의 주춧돌은 울퉁불퉁했다고 합니다. 그러나 이러한 불완전해 보이는 주춧돌도 기둥과 땅이 서로 조화를 이루며 하나의 완성된 구조물을 만들어냈다는 점에서, 우리 선조들의 지혜와 실용적 능력이 돋보입니다.

이러한 주춧돌의 특성은 코칭과 많은 유사점을 가지고 있다고 생각합니다. 코칭 역시 혼자만의 힘이 아닌, 코치와 고객이 서로 지지하고 보완하며 하나의 온전한 관계를 만들어갈 때 진정한 가치가 발현됩니다. 주춧돌이 기둥과 땅 사이에서 안정적인 연결고리 역할을 하듯, 코치도 고객의 현재와 목표 사이에서 든든한 지지대가 되어주는 것입니다.

기업을 기둥으로, 구성원을 땅으로 본다면, 코치는 그 사이에서 주춧돌의 역할을 하는 존재입니다. 우리는 기업과 구성원 사이의 안정적인 연결고리이자 건설적인 소통을 가능케 하는 매개체로서의 역할을 수행하고 있습니다.

과연 우리 코치들은 주춧돌로서의 역할을 제대로 수행하고 있을까요? 코칭 스킬이 다소 서툴고 어색할지라도, 기업과 구성원이 서로 이해하고 양보한다면 그 관계는 절대 흔들리지 않을 것입니다. 잘 다듬어진 코칭은 물론 더욱 안정적인 관계를 만들어낼 수 있지만, 코칭은 과거나 현재, 그리고 미래에도 스스로의 노력과 원칙만 잘 지켜진다면 충분히 가치 있는 제도로 인정받을 수 있을 것입니다.

때로는 코칭이 기대에 미치지 못할 수도 있습니다. 하지만 기업과 구성원들이 이해하고 함께 나아가려 노력한다면, 이는 마치 서민들의 울퉁불퉁한 주춧돌과도 같이 나름의 역할을 다할 수 있습니다. 완벽하지 않은 코칭이라 할지라도, 서로가 양보하고 이해하는 미덕이 있다면 자연스럽게 좋은 결과로 이어질 것입니다.

주춧돌이 말없이 그저 자신의 역할을 다하듯, 때로는 코칭에서도 너무 많은 의미나 효과를 기대하지 않는 것이 오히려 좋을 수 있습니다. 과도한 기대는 불만족과 실망으로 이어질 수 있고, 이는 다시 코치를 향한 원망으로 발전할 수 있기 때문입니다.

코칭의 핵심이라 할 수 있는 '좋은 질문'도 때로는 주춧돌처럼 침묵하는 것이 더 효과적일 수 있습니다. 서로 간의 신뢰가 충분히 쌓여있다면, 말하지 않아도 눈빛만으로도 소통이 가능할 수 있습니다. 순수한 마음과 진정성이 있다면, Space Bar와 같은 침묵도 하나의 강력한 코칭 도구가 될 수 있습니다.

황룡사 9층 석탑의 웅장했던 터를 떠올리면, 수많은 주춧돌이 석탑을 지탱하고 땅의 기운을 전달했던 것처럼, 그 시대의 코치 역할을 완벽히 수행했음을 알 수 있습니다.

우리는 코치로서 이 분야에 헌신하기로 결심했습니다. 결과가 어떻든 주춧돌과 같이 우리의 역할을 충실히 수행해야 합니다. 날마다 자기 계발을 통해 더 많은 고객을 만족시키고, 그것이 성과로 이어진다면 코칭의 위상은 더욱 높아질 것입니다.

폐사지의 주춧돌을 볼 때마다, 그 당시의 웅장함과 위대함이 터의 역할에서 비롯되었듯이, 현재의 코칭도 기업과 구성원들의 성과와 성장에 중요한 축으로 자리 잡을 수 있도록 더욱 노력해야겠다는 결심을 하게 됩니다.

질문의 용기, 성장의 시작점이 되다

어린 시절부터 우리는 교실이라는 공간에서 특별한 기억을 안고 있습니다. 선생님의 가르침을 조용히 경청하는 것이 미덕이었던 그 시간들, 질문이 필요한 순간이 찾아오면 교실은 마치 시간이 멈춘 듯한 적막감으로 가득 찼습니다. 우리들의 어깨는 무거워졌고, 시선은 책상을 향하거나 창밖 먼 산을 향했습니다. 질문을 한다는 것, 그것은 마치 고요한 호수에 돌을 던지는 것과 같은 부담으로 다가왔습니다.

우리 사회에는 오랫동안 '나서지 말라'는 무언의 압박이 존재해 왔습니다. 질문하고 손을 드는 행위는 때론 자기과시로 해석되었고, 서구적 문화의 산물이라는 편견 속에서 시기와 질투의 대상이 되기도 했습니다. 하지만 시간은 흘러 문화의 패턴도 변화했습니다. 질문은 이제 당연한 권리이자 성장을 위한 필수 요소로 인식되고 있습니다. 특히 코칭 분야에서는 좋은 질문 하나가 인생의 방향을 바꾸는 나침반이 될 수 있다는 것을 깊이 체감하고 있습니다.

그럼에도 여전히 우리는 질문 앞에서 망설입니다. 혹시나 잘못된 질문을 해서 무시당하지는 않을까, 나의 부족함이 드러나지는 않을까 하는 두려움이 목구멍까지 차오른 질문을 다시 삼키게 만듭니다. 이런 방어적인 태도는 결국 우리의 성장을 제한하는 장벽이 되고 있습니다.

얼마 전 광화문 근처에서 있었던 경험은 이러한 '질문의 가치'와 '질문할 수 있는 용기'의 중요성을 다시 한번 일깨워주는 소중한 순간이었습니다. 이 경험을 통해 우리가 어떻게 질문하는 용기를 가질 수 있는지, 그리고 그것이 우리의 성장에 얼마나 중요한 역할을 하는지 함께 나누고 싶습니다.

그날 광화문은 서울 단축 마라톤 행사로 활기가 넘치고 있었습니다. 우리 가족은 평소처럼 즐겨 찾던 카페에서 브런치를 먹으려 했지만, 마라톤 행사로 인한 도로 통제가 우리의 계획을 가로막았습니다. 교통 정리를 하던 경찰관의 손짓은 우리에게 다른 방향으로의 우회를 지시하고 있었고, 카페로 향하는 모든 길은 철저하게 차단되어 있었습니다.

포기하고 돌아서려는 그 순간, 아내의 갑작스러운 외침이 들렸습니다. 차창을 내리며 "우리는 이 카페를 가야 하는데 어떻게 가면 좋을까요?"라는 질문이 용기 있게 흘러나왔습니다. 그 순간 나를 포함한 가족들의 마음속에는 '괜히 번거롭게 한다', '어차피 안 된다고 할 텐데', '민망하다'라는 생각들이 스쳐 지나갔습니다. 하지만 예상과 달리 경찰관은 친절하게 도로 일부를 개방해 주며 우리가 갈 수 있는 우회로를 상세히 안내해 주었습니다.

결국 우리는 원하던 카페에서 즐거운 식사를 할 수 있었고, 테이블에 둘러앉은 아이들은 어머니의 용기가 만들어낸 작은 기적에 감탄을 금치 못했습니다. 아내의 대답은 단순하면서도 깊은 통찰을 담고 있었습니다.

"어차피 대안도 없고 밑져야 본전이었어. 질문하는 건 당연한 거고, 시도도 해보지 않고 포기하는 건 내 성격과 자존심이 허락하지 않아."라는 아내의 말에서 진정한 용기의 의미를 발견할 수 있었습니다.

이 작은 사건은 제게 코칭에서 이야기하는 '질문의 힘'에 대해 새로운 시각을 열어주었습니다. 아무리 좋은 질문이라도, 그것을 입 밖으로 꺼낼 수 있는 용기가 없다면 무용지물이 된다는 깨달음을 얻게 되었습니다.

코칭 가이드에서 자주 언급되는 'Doing'과 'Being'이 포함된 질문의 중요성은 분명 옳은 지적입니다. 하지만 그보다 더 근본적인 것은 질문할 수 있는 용기, 그리고 그 용기를 행동으로 옮길 수 있는 결단력이라는 것을 이날의 경험을 통해 깊이 깨닫게 되었습니다.

우리 사회의 깊은 곳에 자리 잡은 선비문화와 체면 문화는 여전히 많은 이들의 목소리를 침묵 속에 가두고 있습니다. 하고 싶은 말들이 입안에서 맴돌다 사라지고, 비판 없이 주어진 것을 받아들이기만 하는 수동적인 태도는 개인과 사회의 성장을 저해하는 걸림돌이 되고 있습니다. 이제는 변화의 물결 속에서 우리도 함께 변화해야 할 때입니다.

리더에서 코치로 ─────

MZ세대의 새로운 문화와 가치관이 등장하는 것처럼, 우리 베이비붐 세대도 변화하고 있음을 보여줄 때입니다. 이러한 세대 간의 간극을 좁히는 것이 바로 코칭의 중요한 역할이 될 것입니다. 변화는 일방적이어서는 안 되며, 코치와 고객이 함께 성장하고 발전하는 쌍방향적인 것이어야 합니다.

해결책을 찾는 과정은 끊임없는 고민과 성찰을 통해 이루어집니다. 작은 대안들이 모여 큰 변화를 만들어내고, 그중에서 실현 가능하고 성공 확률이 높은 것들을 선별하여 실천해 나간다면, 우리가 원하는 목표는 반드시 달성될 것입니다.

현재 우리의 모습을 돌아보면, 아직도 많은 행사장과 세미나 현장에서 우리의 소극적인 모습이 발견됩니다. 참석자들은 중앙의 자리를 피해 멀리 떨어진 곳이나 외곽에 자리 잡으려 하고, 뒤늦게 도착한 이들이나 경력이 짧은 참석자들이 어쩔 수 없이 중앙으로 이동되는 모습을 볼 수 있습니다. 질문을 해야 할지도 모른다는 불안감, 발표자와 눈이 마주칠지도 모른다는 부담감으로 인해 온전히 집중하지 못하고 중도에 포기하는 경우도 빈번합니다.

하지만 우리가 진정한 질문의 용기를 갖게 된다면, 앞자리부터 자연스럽게 채워지고, 그 자리를 먼저 차지하려는 긍정적인 경쟁이 일어날 것입니다. 이때야말로 코칭 스킬의 정수인 '질문의 힘'이 수백 배의 위력을 발휘할 수 있을 것입니다. 이러한 혁신적인 질문 문화를 선도하는 코칭 리더가 되기 위해, 우리는 끊임없는 용기와 도전정신을 가지고 나아가야 합니다. 코칭 전문가들과 관련 기관들이 이러한 변화의 주체가 될 때, 우리의 코칭 문화는 더욱 빛나고 성숙해질 것입니다.

코칭의 진정한 가치,
나이를 넘어선 신뢰의 리더십

"우승, 그거 쉽던데?"라는 신문 헤드라인이 눈길을 사로잡았습니다. 2023-2024 UEFA 챔피언스리그에서 레알 마드리드를 우승으로 이끈 카를로 안첼로티 감독의 이야기는 우리에게 깊은 통찰을 제공합니다. AC 밀란 시절 자국 리그 우승은 물론, UCL에서 세 번이나 정상에 오른 그의 발자취에는 특별한 리더십의 비밀이 숨어 있습니다.

그의 성공은 레알 마드리드에서도 이어졌고, 후임 지네딘 지단 감독의 3연속 우승이라는 놀라운 성과의 토대가 되었습니다. 이러한 안첼로티의 리더십은 우리 코칭 분야에도 중요한 시사점을 던져주고 있습니다.

특히 주목할 만한 것은 그의 첫 번째 성공 요인인 '주축 선수들의 기량 극대화' 전략입니다. 선수들과 아버지뻘의 나이 차이가 있음에도 불구하고, 그는 격의 없는 온화한 리더십으로 선수들의 마음을 얻었습니다. 선수들의 니즈를 경청하고, 그들의 장단점을 파악하여 맞춤형 전술을 제시하며, 무엇보다 선수들에게 자신감을 불어넣어 주었습니다.

이는 우리 코칭 현장에서도 마주하는 중요한 과제입니다. 코치와 고객 사이의 세대 차이는 때로는 보이지 않는 장벽이 되기도 합니다. 우리는 스스로에게 물어봐야 합니다. 젊은 고객들은 나이 지긋한 코치를 어떤 시선으로 바라보고 있을까? 그들은 얼마나 마음을 열고 있을까? 우리의 경험과 조언을 그들의 현실에서 얼마나 받아들일 수 있을까?

더 중요한 것은 우리가 무의식적으로 고객들에게 우리의 방식을 강요하고 있지는 않은지 돌아보는 것입니다. 안첼로티 감독이 보여준 것처럼, 진정한 코칭의 힘은 나이나 경험의 차이를 뛰어넘어 서로를 이해하고 신뢰하는 관계를 구축하는 데에서 시작됩니다.

이러한 관점에서 보면, 코칭의 정년은 단순히 나이로 결정되는 것이 아니라, 귀 기울여 듣는 경청의 자세, 적절한 침묵의 미덕, 그리고 진정성 있는 동의의 제스처를 통해 만들어가는 것임을 알 수 있습니다. 이러한 요소들이 조화롭게 어우러질 때, 코치의 가치와 평판은 자연스럽게 높아지고, 고객들이 다시 찾는 신뢰할 수 있는 코칭 환경이 만들어질 것입니다.

안첼로티 감독의 두 번째 성공 비결은 선수들의 역량을 신뢰하고 최적화하는 능력에 있었습니다. 그는 베테랑 선수들의 체력적 한계를 고려해 한 선수에게 70분을, 다른 선수에게 마지막 20분을 맡기는 등 유연한 운영으로 최상의 성과를 이끌어냈습니다. 이러한 전략은 선수들이 자신의 역할에 대한 명확한 인식과 자부심을 가질 수 있게 했고, 결국 우승이라는 결실을 보게 되었습니다.

이러한 통찰은 우리 코칭 현장에도 중요한 시사점을 제공합니다. 각기 다른 역량을 가진 고객들에게 맞춤형 비즈니스 코칭을 제공하여, 그들이 스스로 만족하고 도전할 수 있는 환경을 조성해야 합니다. 물론 우리 코치들도 인간인지라, 첫 만남에서 "이번 코칭은 잘될 것 같다" 또는 "이번에는 어렵겠다"와 같은 선입견을 갖게 되는 것이 사실입니다. 비록 이러한 판단이 코칭의 원칙에 어긋난다고 할지라도, 이는 인간의 자연스러운 반응일 것입니다.

더욱 흥미로운 점은 고객들 역시 코치들을 향해 비슷한 판단을 하고 있을 수 있다는 사실입니다. 이러한 상호 간의 간극을 좁히는 것이 코칭의 수명을 연장하는 핵심이 될 것입니다. 당장은 구체적인 해결책이 떠오르지 않더라도, 이 문제를 인식하고 지속해서 고민한다면 각자의 노하우를 개발할 수 있을 것입니다. 이러한 개인적 경험들이 모여 공유될 때, 우리의 코칭 역량과 전문성은 한층 더 높아질 것입니다.

안첼로티 감독의 세 번째 성공 요인은 자신의 약점을 보완하기 위해 아들을 코치진에 영입한 결정이었습니다. 주전선수들의 기량을 극대화하는 데는 탁월했지만, 상황 변화에 대한 대처 능력이 다소 부족하다는 평가를 받았던 그는, 아들의 새로운 시각과 아이디어를 적극적으로 수용하며 이를 극복했습니다. 이는 코칭 분야에서도 중요한 교훈을 줍니다. 혼자만의 성장이 아닌, 동료들과의 경험 공유와 토론을 통해 함께 발전하는 환경을 조성하는 것이 필요합니다. 이러한 협력적 성장이야말로 진정한 코치로서의 명성과 가치를 높이는 길이 될 것입니다. 이를 통해 우리는 코칭의 새로운 지평을 열어갈 수 있을 것입니다.

안첼로티 감독의 5회 우승이 단순히 우수한 선수진과 풍부한 재정, 최고의 시설 덕분이라고 평가하는 것은 피상적인 해석일 것입니다. 그 이면에는 앞서 언급된 세 가지 전략을 철저히 실천한 그만의 깊이 있는 철학이 자리 잡고 있습니다. 이는 마치 견고한 건축물을 짓는 과정과도 같습니다. 완벽한 설계와 꼼꼼한 시공, 철저한 안전관리가 조화를 이룰 때 비로소 어떠한 역경에도 무너지지 않는 건물이 완성되는 것처럼, 코칭도 이러한 근본적인 원칙들이 조화롭게 어우러질 때 진정한 가치를 발현할 수 있습니다.

우리 코치들도 이러한 세 가지 원칙에 기반한 고유의 코칭 스킬을 개발하고 적용한다면, '코칭의 정년'이라는 개념은 자연스럽게 소멸할 것입니다. 대신 우리의 이름 앞에는 'Value'와 'Reputation'이라는 수식어가 늘 함께할 것입니다. 특히 안첼로티 감독에 대한 평가 중 "그는 억지로 건드리는 것보다 내버려두는 것이 낫다. 즉 견뎌야 할 곳과 내버려둬야 할 곳을 잘 구분한 사람이다"라는 말은 우리에게 깊은 통찰을 제공합니다. 우리는 때로 코칭을 지나치게 강요하고 있지는 않은지 돌아볼 필요가 있습니다.

오히려 인내하며 기다려야 할 순간과 자연스럽게 흐르도록 내버려둬

리더에서 코치로

야 할 상황을 현명하게 구분하여, 고객이 스스로의 길을 발견할 수 있도록 돕는 것이 진정한 코칭의 지혜일 것입니다. 이러한 섬세한 균형감각이야말로 우리가 추구해야 할 코칭의 진정한 예술이 아닐까 생각합니다.

계속해서 요즘 유행하는 언어 중에서 코치로서 듣기 좋은 말을 간단하게 정리해 보았습니다.

"어우흥" – 어차피 우승은 흥국생명

"어우레" – 어차피 우승은 레알마드리드

"어코코사" – 어차피 코칭전문회사는 코사

* 모두 정년 없는 코칭 전문가가 되기를 기대하고 응원합니다.

훌륭한 말하기와 경청, 코칭 성공의 숨은 열쇠

코칭에서 경청의 중요성은 아무리 강조해도 지나치지 않습니다. 코치와 고객 간의 대화가 정확하게 전달되고 이해되어야만 스토리가 제대로 전개되고 올바른 방향으로 나아갈 수 있습니다. 이를 위해서는 말하는 언어, 정확한 발음, 그리고 청력이 조화롭게 어우러져야 합니다.

코치로서 때때로 경험하게 되는 당혹스러운 순간이 있습니다. 분명히 열심히 설명했는데 고객이 고개를 갸웃거리거나 다시 한번 말해달라고 요청하는 경우입니다. 이런 상황에서 우리는 종종 고객에 대한 불신이나 코칭이 잘못될 수도 있다는 불안감을 느끼게 됩니다. 그러나 수년간의 코칭 경험을 통해 몇 가지 중요한 깨달음을 얻게 되었습니다.

첫째, 코치의 발음이 부정확할 수 있다는 점입니다. 둘째, 사투리나 특유의 억양이 의사소통의 장벽이 될 수 있다는 사실입니다. 셋째, 고객에게 생소한 전문용어나 약어, 외국어의 무분별한 사용이 효과적인 코칭을 방해할 수 있다는 점입니다.

특히 사투리와 관련된 흥미로운 경험이 있습니다. 회사 정기 간담회에서 있었던 일입니다. 회장님의 말씀, 안전 총괄의 강의와 토의, 실무 팀장의 경영 현황 설명 등이 순차적으로 진행된 후, 영업 본부장과 함께한 점심 식사 자리에서 특별한 통찰을 얻게 되었습니다.

서울 출신인 본부장님은 회장님, 안전 총괄, 실무 팀장 모두가 경상도 출신이다 보니 시간이 갈수록 그들의 말을 이해하는 데 어려움을 느꼈다고 솔직히 털어놓았습니다. 이 경험은 코칭 현장에서도 이러한 언어적 차이가 분명히 존재할 것이라는 깨달음을 주었고, 가능한 한 표준어를 사용하려고 노력해야겠다는 결심을 하게 되었습니다.

또 다른 중요한 경청의 장애요인은 발음과 목소리의 질입니다. 작년에 받은 스피치 교육에서 강사님께서 해주신 말씀이 아직도 생생합니다.

본인의 허스키한 목소리는 듣는 이에게 쉽게 피로감을 줄 수 있다는 것이었습니다. 이를 개선하기 위해서는 본연의 목소리를 바꾸려 하기보다는, 말할 때 소리를 밖으로 확실히 전달하는 노력이 필요하다고 했습니다.

그래서, 지금까지 매일 낭독 연습을 통해 개선을 시도하고 있지만, 아직 큰 변화를 느끼기는 쉽지 않습니다. 그러나 초기와 비교하면 분명한 진전이 있었음을 느낍니다. 동편제 판소리의 대가 송만갑 선생이 득음을 위해 쏟은 노력과 인내를 떠올리며, 자연의 소리보다 더 아름다운 인간의 소리를 만들어낸 그의 여정처럼, 코치로서의 여정이 끝날 때까지 꾸준한 낭독과 교정을 통해 고객의 얼굴에 밝은 미소를 피어나게 할 수 있는 향기로운 목소리로 발전하겠다고 다짐하게 됩니다.

전문용어, 약어, 외국어 사용에 대한 고객 맞춤형 조율 능력도 중요한 과제입니다. 최근 코더코 진행 중 겪은 경험이 이를 잘 보여줍니다. 고객이 전문용어를 설명하며 "코치님도 잘 아시는 것이지만"이라고 했을 때의 순간적인 당혹감, 그리고 고객의 열정적인 설명 덕분에 위기를 모면했던 순간들을 통해, 코치를 배려하는 고객의 태도 또한 필요하다는 것을 깨닫게 되었습니다.

약어와 외국어 사용은 양날의 검과 같습니다. 비슷한 세대나 직종 간에는 오히려 소통을 원활하게 만들 수 있지만, 세대 차이가 크거나 전혀 다른 분야의 경우에는 코칭을 단절시키는 요인이 될 수 있습니다. 더 나아가 상대적 박탈감으로 인한 신뢰 부족은 열린 마음으로의 코칭을 방해할 수 있습니다.

경청이란 단순히 말을 줄이고 상대방의 태도, 자세, 생각을 듣고 공감하는 것에서 그치지 않습니다. 내면의 깊이만큼이나 외적으로 드러나는 요소들도 중요하게 고려해야 합니다. 이러한 모든 측면을 균형 있게 발전시킬 때, 우리는 더욱 세련되고 스마트한 코칭을 실현할 수 있을 것입니다. 이처럼 진정한 경청의 힘은 내면의 깊이와 외적 요소들이 조화롭게 어우러질 때 비로소 완성됩니다. 이것이 바로 우리가 지향해야 할 코칭의 궁극적인 모습일 것입니다.

안전 문화 코칭,
새로운 가능성의 지평을 열다

최근 안전 관련 연구 자료들은 코칭이 일반 비즈니스 영역을 넘어 안전 분야에서도 놀라운 효과를 보이고 있음을 입증하고 있습니다. 국내 코칭협회 산하에 안전 문화 코칭 소그룹이 운영되고 있다는 사실은 이러한 트렌드를 잘 반영하고 있으며, 이는 안전에 생소한 코치들에게도 새로운 기회의 장이 될 수 있습니다.

실제로 국내외 여러 사업장에서 진행된 안전 코칭은 괄목할 만한 성과를 보여주고 있습니다. 근로자들의 안전 행동이 현저히 증가하고 사고율이 많이 감소하면서, 경영층의 관심도 점차 높아지고 있는 추세입니다.

이러한 긍정적 결과의 핵심에는 코칭의 근간인 '소통'이 자리 잡고 있습니다. 서로를 이해하고 공감하는 과정을 안전 분야에 적용함으로써, 놀라운 변화가 일어나고 있는 것입니다. 특히 안전 리더십 기반의 코칭을 통해 근로자들의 안전 보호구 착용 비율이 9%에서 59%로 6배나 상승했다는 연구 결과는 매우 고무적입니다.

안전 코칭의 본질은 기존 코칭의 기본 원칙과 크게 다르지 않습니다.

근로자들이 스스로 안전 행동의 중요성을 깨닫고, 위험 요소에 대한 경각심을 갖도록 하며, 자발적으로 안전 규칙을 준수하게 만드는 것이 핵심입니다. 더 나아가 다른 동료들의 불안전한 행동도 지적하고 개선할 수 있는 문화를 만들어, 궁극적으로는 무사고 사업장을 실현하는 것을 목표로 합니다.

물론 일각에서는 안전에 대한 전문적인 경험과 지식이 필요하다는 의견도 제기됩니다. 근로자들의 신뢰와 존경을 얻어 효과적인 해결책을 도출하기 위해서는 어느 정도의 전문성이 필요하다는 것입니다. 이는 일리 있는 지적입니다.

이는 마치 비즈니스 코칭에서 코치들이 자신의 학력, 자격증, 경력 회사, 전문 분야 등을 프로필에 명시하는 것과 같은 맥락입니다. 이러한 정보 공유는 결국 고객의 신뢰를 얻고 자신의 전문성을 인정받고자 하는 노력의 일환인 것입니다.

코칭의 진정한 가치는 코치의 경력이나 전공 분야를 내세우는 것이 아닌, 순수한 코칭 프로세스 자체에 있습니다. 코치의 경험과 지식은 단지 좋은 질문을 이끌어내기 위한 기초 양념 정도로만 활용되어야 하며, 이것이 바로 유능한 코치의 핵심 자질이라고 할 수 있습니다.

이러한 관점에서 볼 때, 현재 비즈니스 코칭을 하는 분들도 안전 코칭 분야에 충분히 도전할 수 있습니다. 실제로 코치협회 산하 안전 문화코치 조직을 보면, 전문 안전 경험과 지식을 가진 분들은 20~30% 정도에 불과하며, 나머지는 비즈니스 코칭을 바탕으로 새로운 영역으로의 확장을 모색하는 분들입니다. 물론 최소한의 안전 기본 지식은 필요하기에, 1~2일 정도의 단기 학습을 통해 안전의 기초를 이해하고 이를 자신의 코칭 영역과 연결하게 하는 과정을 거치고 있습니다.

안전 코칭의 효과를 극대화하기 위해서는 다음과 같은 4단계 프로세스를 따르는 것이 중요합니다.

첫째, 조직 구성원들이 스스로 현장의 문제점을 파악하고 개선 방안을 수립하여 실행할 수 있도록 돕습니다. 이는 자발적 참여를 통한 문제 해결의 첫걸음입니다.

둘째, 현장의 지식과 경험, 노력을 인정하고 칭찬함으로써 동기를 부여합니다. 이때 간접 경험만으로도 충분히 상황을 판단하고 공감할 수 있습니다.

셋째, 실행이 미흡한 부분에 대해서는 구체적이고 실효성 높은 질문과 경청, 그리고 적절한 피드백을 통해 자발적이고 의욕적인 실행력과 창의력을 끌어올립니다.

넷째, 구성원들이 스스로 인식을 개선하고, 안전하고 건강한 작업 환경을 조성할 수 있도록 돕는 강력한 도구로서 코칭을 활용합니다.

이 모든 과정에서 코치가 사용하는 핵심 도구는 바로 "경청과 질문"입니다. 이는 비즈니스 코칭이나 안전 코칭이나 동일하게 적용되는 기본 원칙이며, 효과적인 코칭의 근간이 됩니다.

S사 조선소의 성공 사례는 안전 코칭이 어떻게 조직 전체의 문화를 변화시킬 수 있는지를 잘 보여주고 있습니다. 형식적으로 진행되던 TBM(Tool Box Meeting)을 코칭과 접목해 현장의 안전 문화를 혁신적으로 변화시킨 과정을 단계별로 살펴보겠습니다.

첫 번째 변화는 작업자들의 인식 전환에서 시작되었습니다. 기존의 TBM이 '듣기만 하는', '빨리 끝내고 싶은', '주의가 산만한', '귀찮은', '뻔한 내용의 반복'이라는 부정적 인식에서, 실제적인 안전 대화의 장으로 탈바꿈했습니다. "어떤 위험성이 있을까?", "더 안전한 작업 방법은 무엇이 있을까?"와 같은 의미 있는 질문들을 통해 작업자들의 실제 경험과 아차 사고 사례들을 이끌어내면서, 진정한 의미의 안전 의식이 싹 트기 시작했습니다.

두 번째 단계는 작업반장들의 변화였습니다. 작업자들의 태도가 바뀌자 작업반장들도 일방적인 지시에서 벗어나 작업자들의 생각과 고충에 귀를 기울이기 시작했습니다. 칭찬과 소통, 경청과 질문이라는 코칭의 핵심 요소들이 현장에서 자연스럽게 실천되면서, 서로를 챙기고 배려하는 문화가 형성되었습니다.

세 번째 단계에서는 현장 관리자들의 인식이 변화했습니다. 기존에는 위험 요소나 문제점만을 찾아내는 데 집중했다면, 이제는 잘하는 점도 함께 발견하고 격려하는 균형 잡힌 시각을 갖게 되었습니다. 더 나아가 이러한 긍정적인 변화를 전사적으로 확산시키면서 안전수준 향상과 생산성 증대라는 두 마리 토끼를 모두 잡을 수 있었습니다.

이러한 안전 코칭의 효과는 단순히 무사고 무재해 달성에 그치지 않았습니다. 품질 향상으로 이어져 선박 주문사와의 신뢰도와 만족도를 높였고, 궁극적으로는 건강한 노사관계 구축에도 크게 기여했습니다.

이 사례는 안전 코칭이 단순한 안전관리 도구를 넘어, 조직 전체의 문화를 변화시키고 경쟁력을 높이는 강력한 변화 관리 도구가 될 수 있음을 보여줍니다. 개인의 인식 변화에서 시작하여 조직 전체의 혁신으로 이어지는 이러한 선순환은 안전 코칭의 진정한 가치를 잘 보여주고 있습니다.

안전 코칭은 많은 코치들에게 새롭고 도전적인 영역으로 인식되어 주저하게 만들 수 있습니다. 하지만 그 본질을 들여다보면, 우리가 추구하는 코칭의 기본 원칙과 프로세스를 현장의 니즈에 맞게 적용하는 것에 불과하며, 이는 충분히 도전할 수 있는 영역입니다.

좋은 질문을 통한 TBM 활성화, 무사고를 통한 생산성 향상, 그리고 건강한 노사관계 구축은 현대의 모든 기업과 조직이 추구하는 경영층의 리더십과 조직문화 활성화 목표와 맥을 같이 합니다. 이러한 관점에서, 치열한 경쟁이 있는 일반 비즈니스 코칭에서 안전 문화 코칭으로의 전환은 새로운 기회가 될 수 있습니다.

안전사고의 핵심 원인은 불안정한 상태와 불안정한 행동으로 나눌 수 있으며, 특히 불안정한 행동이 사고 대부분을 유발한다는 점에서 안전

문화 코칭의 중요성이 더욱 부각됩니다. 이는 결국 사람의 행동과 인식을 다루는 분야이기에, 기존 코칭의 원리를 자연스럽게 적용할 수 있는 영역입니다.

더욱이 현대 기업경영의 새로운 패러다임인 ESG에서도 안전은 핵심적인 요소로 자리 잡고 있습니다. 안전 문화 코칭은 ESG 경영 시대에 더욱 중요한 역할을 하게 될 것이며, 이는 코치들에게 새로운 전문 영역으로서의 기회를 제공할 것입니다.

결국 사람을 이해하고 돕는다는 코칭의 본질은 안전 문화 코칭에서도 동일하게 적용됩니다. 이러한 근본적인 공통점을 인식하고 도전한다면, 안전 문화 코칭은 코치들에게 새로운 성장의 기회가 될 것입니다.

문제 해결 성공 사례

코치로서의 여정을 걸어가면서, 마음 한구석에는 늘 무거운 의문이 자리 잡고 있습니다. 과연 코칭의 진정한 성공이란 무엇이며, 그 성공을 어떻게 측정할 수 있을지에 대한 깊은 고민이 항상 저를 따라다니고 있습니다.

많은 사람은 단순히 코칭 시간과 설문 결과로 성과를 판단하려 합니다. 하지만 그것이 진정 코칭의 본질을 담아낼 수 있을까요? 고객의 내면 깊숙한 곳에서 일어나는 변화와 그들이 겪는 또 다른 고민은 단순한 수치로는 측정할 수 없는 영역이라고 생각합니다.

코칭 세션이 끝날 때마다 "도움이 되었다", "감사하다"라는 말을 듣지만, 그 말속에 담긴 진정성의 깊이는 오직 고객만이 알 수 있습니다. 저는 종종 후일담으로 고객이 승진했다거나 새로운 기회를 얻었다는 소식을 들을 때야 비로소 "아, 내가 코치로서 조금은 역할을 했구나"라는 작은 자부심을 느끼곤 합니다.

지나간 코칭의 시간을 되돌아보며, 특별히 기억에 남는 성공 사례 하나를 나누고 싶습니다. 조직관리에 대한 열정은 있었지만, 실행의 용기가 부족했던 한 리더와의 만남이었습니다. 단 1~2회의 코칭만으로도 그는 놀라운 변화를 보여주었습니다.

특히 잊을 수 없는 순간이 있습니다. 그날, 고객은 평소보다 일찍 화상회의실에 접속해 있었고, 그의 얼굴에서는 설렘과 성취감이 빛나고 있었습니다. "코치님, 말씀하신 대로 구성원들과 가까이 다가가서 어깨도 토닥여주고 노력을 칭찬했더니, 그들이 저를 대하는 태도가 완전히 달라졌어요!"라는 그의 활기찬 목소리가 아직도 생생합니다.

이런 경험을 통해 깨달은 것이 있습니다. 성공이란 거창하고 대단한 결과만을 의미하는 것이 아닙니다. 작지만 의미 있는 변화들이 만들어내는 잔잔한 물결, 그것이 바로 진정한 성공의 시작점임을 이제는 분명히 알 수 있습니다.

두 번째 사례는 글로벌 환경에서의 리더십 도전과 그 극복 과정을 보여주는 의미 있는 경험이었습니다. 해외 공장의 리더로서 주재원, 외국인, 해외 협력사 등 다양한 이해관계자들을 아우르며 복잡한 상황 속에서 균형 잡힌 판단을 내려야 하는 부담을 안고 있던 한 리더와의 만남이었습니다.

이 리더는 깊은 고민 끝에 전체 조직의 최종 목표와 각 구성원의 이해관계를 조화롭게 아우르는 윈윈 전략을 수립했고, 단 일주일 만에 놀라운 성과를 이뤄냈습니다. 다음 코칭 시간에 그가 보여준 만족스러운 표정과 "코칭 덕분"이라는 진심 어린 감사의 말은 지금도 제 마음속에 깊

리더에서 코치로 ──

이 남아있습니다.

　이러한 변화가 순전히 코칭의 결과인지, 아니면 자연스러운 과정의 결과인지는 판단하기 어려울 수 있습니다. 하지만 코치로서 저는 이 변화의 시작점에 코칭이 있었다고 믿고 싶은 마음이 큽니다.

　세 번째 사례는 한 개인의 성격적 특성과 그 변화에 관한 이야기입니다. 이 리더는 업무 능력과 회사에 대한 충성도가 매우 뛰어났지만, 상사와의 소통에서 지나치게 직설적인 표현으로 인해 어려움을 겪고 있었습니다. 때로는 회사 정책에 대한 날카로운 비판이 조직 전체에 부정적인 영향을 미치기도 했습니다.

　자신의 이러한 성격을 인지하면서도 변화의 가능성을 포기하고, 승진이나 보상과는 무관한 '나만의 길'을 고집하던 그를 코칭하면서, 우리는 함께 새로운 관점을 탐색했습니다. 더 나은 미래의 모습을 미리 그려보고 경험해 보는 과정을 통해, 그는 자신의 현재 모습이 최선이 아닐 수 있다는 것을 깨달았습니다. 지금은 상황에 맞는 적절한 의견 개진과 타인을 인정하는 습관이 자리 잡았다는 소식이 전해져 옵니다.

　이러한 세 가지 성공 사례들은 모두 작은 시도에서 시작되었습니다. 마치 작은 눈덩이가 굴러가며 커다란 눈사람이 되어가듯, 작은 변화가 모여 큰 변화를 만들어낸 것입니다.

　최근 저는 "아주 작은 반복의 힘"이라는 책을 꾸준히 읽고 있습니다. 작년부터 6~7회 정도 읽었고, 앞으로도 계속 읽어나갈 예정입니다. 그중에서도 빈센트 반 고흐의 "위대한 성과는 소소한 일들이 모여 조금씩 이루어진 것이다"라는 구절이 특히 마음에 와닿습니다.

코칭은 한 사람 한 사람과의 만남을 소중히 여기고, 주어진 시간에 최선을 다해 정성을 쏟는 일입니다. 이러한 노력이 모여 반드시 의미 있는 결실을 볼 것이라 믿으며, 전국의 모든 코치에게 따뜻한 격려와 응원의 마음을 전합니다.

체계적인 인생 후반전 네트워크 관리, 60세 이후의 의미 있는 인연 만들기

만 60세가 되면 누구나 '정년퇴임'이라는 화려하면서도 아쉬움이 가득한 축하 행사를 맞이하게 됩니다. 의학 기술의 발전과 개인의 건강관리 능력 향상으로 백 세 시대를 살아가야 하는 지금, 60세는 마치 인생이라는 긴 마라톤의 중간 지점처럼 느껴집니다. 하지만 출발선에서 느꼈던 그 뜨거운 응원과 격려는 이제 찾아볼 수 없고, 앞으로는 마치 허허벌판을 홀로 달려야 하는 상황이 눈앞에 다가오고 있습니다.

지난 시간을 돌아보면, 천군만마와 같은 구성원들과 동료들, 그리고 선배들과 함께 "함께 가면 안 되는 일이 없고, 하면 된다"라는 슬로건으로 수많은 역경과 장애물을 극복하며 성공이라는 달콤한 열매를 맛보았습니다. 그중에서도 가장 즐겁고 보람 있었던 순간들은 함께 웃고, 고민하고, 대안을 찾던 사람들과의 회의 시간이었고, 전화 통화였으며, 서툴지만 정성껏 나누었던 카톡 메시지였습니다.

이제 인생의 반환점에 서서 주위를 둘러보니, 예전처럼 나를 챙겨주고 함께 고민해 줄 사람이 과연 얼마나 남아있을지 생각해 보게 됩니다. 전반기 생활에서 내가 맡았던 역할, 나를 찾던 사람들의 빈도수가 지금은 얼마나 될까요? 반으로 줄었을까요, 아니면 그보다 더 적어졌을까요?

분명한 것은 그때의 열정만큼 활발한 교류가 이루어지지 않고 있다는 점입니다. 역할의 변화에 따라 나의 위상도 달라졌고, 그로 인해 나를 찾는 사람과 횟수는 자연스레 줄어들었습니다. 그 빈자리는 단순한 한가로움이 아닌, 공허함과 외로움으로 채워지고 있는 것 같습니다.

이제 우리는 이 공허한 공간을 어떻게 만족감으로 채워나갈 수 있을까요?

첫 번째 제안은 반환점 이전에 구축했던 자신의 네트워크를 재정립하는 것입니다. 현재 우리의 휴대폰이나 명함철에는 수많은 사람의 연락처가 있지만, 이제는 남은 인생 마라톤을 완주하기 위해 정말 필요한 지인들을 선택과 집중의 원칙으로 새롭게 정리해야 할 때입니다.

두 번째로 고민해야 할 부분은 적정한 네트워크의 규모입니다. 제 경우에는 전체 100명이라는 범위 안에서 80명을 핵심 네트워크로 선별하여 관리하고, 나머지 20명의 여유 공간은 새롭게 만날 인연들과 재연결이 필요한 관계들을 위해 비워두는 방식으로 운영하고 있습니다.

세 번째로, 80명 규모의 네트워크를 효과적으로 관리하기 위한 체계적인 원칙을 세워 실천하고 있습니다. 마치 지하철 노선도처럼 관계의 친밀도와 연락 빈도에 따라 체계적으로 분류하고 있습니다. 가족, 친척,

리더에서 코치로

절친, 선후배 등 정말 소중한 인연들의 이름을 먼저 적고, 이들을 지하철 노선별로 분류합니다. 하루에 한 번은 꼭 통화하거나 만나야 하는 사람들은 1호선에, 2~3일에 한 번 연락이 필요한 지인은 2~3호선에, 그리고 한 달에 한 번 정도 연락하는 지인은 9호선에 배치하는 식입니다.

네 번째로 강조하고 싶은 점은, 이러한 네트워크 관리는 상대방이 먼저 다가오기를 기다려서는 절대 이룰 수 없다는 것입니다. 반드시 자신이 주도적으로 만들어가야 합니다. 쉽지는 않지만, 이러한 노력이 있어야만 인생이라는 긴 마라톤의 남은 구간을 외롭지 않고 힘들지 않게 완주할 수 있을 것입니다.

저 역시 이러한 원칙을 실천하고 있지만, 때로는 주변 여건과 환경 때문에 계획대로 되지 않을 때도 있습니다. 그럴 때면 저는 잠시 쉬어가는 의미로 KTX를 타고 긴 여행을 떠나보곤 합니다. 이는 마음을 새롭게 리프레시하는 데 큰 도움이 됩니다. 제가 가끔 울산을 방문하는 것도 바로 이러한 맥락에서입니다.

여러분은 각자의 네트워크를 어떻게 만들고 운영하고 계신가요? 우리에게 맞는 인간관계의 구축은 남은 인생을 설계하는 데 매우 중요한 영향을 미칩니다. 제가 만든 이 네트워크 맵이 여러분께 작은 도움이나마 되기를 바라는 마음으로 이 글을 마무리하고자 합니다.

상처와 인내가 빚어내는 아름다움,
코칭의 깊이를 더하는 시간의 지혜

영주의 부석사는 우리나라의 가장 아름다운 사찰 중 하나로 손꼽힙니다. 산들이 서로 어깨춤을 추듯 조화롭게 어우러져 있고, 그 너머로 동해의 넓은 바다가 절을 포근히 감싸안고 있는 모습은 마치 따뜻한 어머니의 품속 같은 평온함을 선사합니다.

특히 부석사의 무량수전은 그 유명한 배흘림기둥으로 많은 이들의 마음을 사로잡고 있습니다. "무량수전 배흘림기둥에 기대서서"라는 책 제목처럼, 이 기둥에 기대어 소백산을 바라보노라면 누구나 이 순간의 주인공이 된 듯한 특별한 감동하게 됩니다.

어느 날 무량수전 기둥에 대해 찾아보던 중, 이 기둥이 느티나무로 만들어졌으며 그 무늬가 모란이라는 사실을 알게 되었습니다. 더욱 놀라운 것은, 이 한 그루의 느티나무가 배흘림기둥이 되기까지 겪었던 수많은 고통과 상처의 흔적이 오히려 아름다운 모란 무늬로 피어났다는 점입니다.

이는 마치 전주장을 만들 때 사용되는 용목과도 닮아있습니다. 용목이

리더에서 코치로 ——

란 심각한 상처를 입고 병으로 인해 제대로 자라지 못한 나무를 일컫습니다. 나무 속에서 자라난 암 덩어리가 만들어낸 용무늬를 장인들은 오히려 최고의 물방울 무늬로 여깁니다.

이러한 귀한 나무를 구하는 것도 쉽지 않지만, 설령 구했다 하더라도 가구를 만들기까지는 최소 10년 이상의 긴 시간이 필요합니다. 진흙 속에서 5년, 그늘에서 5년이라는 긴 인내의 시간을 거쳐야만 합니다. 만약 이 과정을 서두르다 보면, 습기와 열, 변형으로 인해 틀어지고 아귀가 맞지 않아 결국 가구로서의 생명력을 잃고 맙니다.

현재 우리가 실천하고 있는 코칭의 여정은 마치 귀한 나무가 가구가 되어가는 과정과 놀랍도록 닮아있습니다. 코칭을 시작할 때는 변화와 도전, 봉사의 정신으로 가득 차서 차근차근 실력과 경험을 쌓아가지만, 어느 순간이 되면 마음이 조급해지기 시작합니다. 다른 이들보다 뒤처진다는 강박관념과 불안감, 그리고 코칭 과정에서 겪는 수많은 실패로 인해 때로는 포기하고 싶은 마음이 들거나 대충 넘어가고 싶은 유혹이 늘 존재합니다.

특히 함께 코칭을 시작했던 동기나 선후배들이 높은 수준의 자격을 취득하거나 뛰어난 능력을 인정받을 때면, 그 조급함은 몇 배로 커져갑니다. 이런 순간에는 인내의 시간을 무시하고 충분히 다듬어지지 않은 채 어설픈 코칭의 흉내를 내거나, 깊이 있는 지식 없이 피상적으로만 아는 평범한 코치로 전락할 수 있다는 두려움이 몰려옵니다.

코칭 역량은 단기간에도 향상될 수 있지만, 진정으로 구수한 맛을 내기 위해서는 시간을 두고 하나하나 체계적으로 쌓아가는 노력이 필요합니다. 이러한 과정을 통해서만이 진정한 '맛집'으로 인정받을 수 있을 것입니다.

이번 상반기에는 코칭에 입문하는 예비 코치들의 선임 코치로서 역할을 수행하면서, 동시에 중견기업과 대기업 리더들과의 1대1 코칭을 진행하며 저 자신이 고수의 길로 가는 여정이 얼마나 험난하고 아직 부족한지를 절실히 깨닫게 되었습니다.

예비 코치들과의 만남을 통해 특히 인상 깊었던 점은 코칭 참여의 동기에 따라 관심도가 현저히 달라진다는 사실입니다. 자발적으로 참여한 이들은 코칭을 통해 스스로 발전하고, 조직과 구성원들과 함께 성장하고자 하는 진정성 있는 의지를 보였습니다. 반면 타인의 권유로 참여한 이들은 업무 중복과 시간 부족을 핑계로 삼거나, 자격증 취득에 대한 부담감으로 인해 소극적인 태도를 보이다가 중도에 포기하는 경우가 많았습니다. 이러한 모습을 보며, 상처 많은 나무가 좋은 재목이 되듯이, 쉽게 포기하는 예비 코치들을 바라보는 마음이 안타깝고 미련이 남는 것은 아마도 선배 코치로서의 애증일 것입니다.

대기업과 중견기업의 실제 코칭을 수행하면서도, 코치가 쏟는 노력만큼 좋은 결과를 기대하는 마음이 자칫 코치 개인의 욕망으로 변질될까 우려되기도 합니다. 하지만 이러한 과정 역시 역경과 고뇌를 이겨내야만

리더에서 코치로

진정으로 인정받는 코치가 될 수 있다는 귀중한 경험이 되었습니다. 물론 고객이 코칭에 임하는 자세와 관심도에 따라 결과는 달라질 수 있지만, 이 또한 유능한 코치로 성장하기 위해 반드시 극복해야 할 과제 중 하나라고 생각합니다.

다시 본질적인 이야기로 돌아가서, 진정 능력 있는 코치로 인정받기 위해서는 먼저 긴 여정의 목표를 명확히 설정해야 합니다. 조급한 마음을 내려놓고, 천천히 그러나 꾸준히 다양한 경험을 쌓아가며, 때로는 실패를 통해 축적되는 역량을 자신만의 강점으로 발전시켜 나간다면, 마치 부석사 무량수전의 기둥처럼 천년을 버틸 수 있는 흔들림 없는 코치가될 수 있을 것입니다.

티베트에는 "서둘러 걸으면 라싸에 도착할 수 없다"라는 의미심장한 속담이 있습니다. 라싸는 티베트인들에게 신의 거주지이자 신의 땅으로 여겨지며, 누구나 생전에 한 번은 방문하고 싶어 하는 인생의 성지입니다. 티베트에서 목격한 순례자들의 모습은 인상적이었습니다. 어떤 이는 삼보일배를, 또 다른 이는 손수레를 끌며 가고 있었습니다.

그토록 힘들고 고통스러운 여정임에도 불구하고, 서두르지 않고 한결같은 속도로 오체투지를 하는 그들의 모습은 우리 코치들에게 깊은 시사점을 전해줍니다. 코칭도 마찬가지로, 서두르면 그 깊이가 얕아지고 겉으로 보여주기 위한 것에 치중하다 보면 진정성이 결여되기 쉽습니다. 그렇게 되면 코치로서 자부심과 자신감은 사라지고, 우리의 말은 그저 영혼 없는 메아리로만 남게 될 것입니다.

오늘을 새로운 출발점으로 삼아, 다시 한번 신발 끈을 단단히 조이고 힘차게 나아가는 결심을 하는 의미 있는 계기가 되기를 희망합니다.

Part 6

산소가 되어 고객을 타오르게 하는 "코칭"이고 싶다

지은이 조영이

지난 4년간 코치 생활을 하면서 겪은 깨달음과 그 과정에서 마주한 코치로서의 고민과 갈등들을 어떻게 해결했는지를 세상, 특히 코칭 Society와 나누고 싶어졌습니다. 시간과 노력, 그리고 열정을 쏟아 얻은 경험이지만, 이런 작은 깨달음이 필요한 분들이 분명 계실 것이라 생각합니다.

다행히도 동료 코치들과의 책 출간을 계기로 이렇게 생각을 나눌 수 있게 되어 매우 기쁩니다. 책을 읽으시는 분들 중에는 제 생각과 다르게 보시거나 이해가 되지 않는 부분도 있으실 것입니다만, 코칭의 본질이 서로의 다름을 인정하고 개인 고유의 가치와 신념을 존중하는 것이라는 점에 공감해 주신다면 기꺼이 읽어주실 것이라 믿습니다. 코칭으로 세상을 행복하게 만들고 싶은 '산소' 코치의 경험을 소개합니다.

올바른 설명이 중요한가요?

대입 재수 생활 당시의 그 겨울밤은 내 인생의 전환점이 될 뻔했다. 고3 대입 낙방의 아픔을 안고 시작한 재수 생활, 남들은 놀 때 나는 밤새워 공부하던 그 시절이었다. 당시는 모든 가정이 연탄으로 난방하던 때라 연탄가스 중독 사고가 끊이지 않았다. 아침마다 조간신문에는 어김없이 연탄가스 중독 사망 사고 소식이 실렸고, 정부에서는 연탄가스 중독 예방이나 치료법 개발에 큰 포상금을 걸 정도로 심각한 사회문제였다.

그 시절엔 재미있게도 김칫국물이 연탄가스 중독에 특효라는 소문이 퍼져 있었다. 그 당시 3대 가정상비약인, 상처에 바르는 '빨간약'이라고 불리었던 '아까징끼', 소화제로 최고 인기였던 '부채표 까스 활명수', 두통약 '바이엘 아스피린'처럼 김칫국물도 각 가정의 필수 상비약 반열에 올랐다. 물론 후에 과학적으로 아무런 효과가 없다고 밝혀졌지만, 그만큼 사람들의 절실함이 컸던 시절이었다.

어느 겨울밤, 나는 공부의 피로에 지쳐 급하게 잠자리에 들면서 실수를 저질렀다. 전등 스위치를 내리면서 연탄가스 배출기 스위치까지 함께

리더에서 코치로 ────

내려버린 것이다. 하필 저기압이 낀 흐린 밤이었다. 일산화탄소는 그 틈을 타 방 안으로 스멀스멀 스며들었다. 차가운 느낌에 눈을 뜨려 했으나 눈꺼풀은 무겁기만 했고, 머릿속은 극심한 통증으로 가득 찼다. 멀리서 들리는 듯한 구급차 소리... 정신이 온통 혼미했다.

연신내 어딘가의 병원 침대에서 눈을 떴을 때, 어머니의 눈물 젖은 얼굴이 제일 먼저 보였다. "아이고! 영이야! 이제 살았구나!" 하시며 우시는 부모님의 모습은 지금도 뇌리에 선명하다. 연탄가스 중독으로 쓰러진 내가 겨우 정신을 차렸다는 사실에 어머니는 안도의 눈물을 쏟으셨다.

감정이 북받친 나는 눈물을 흘리며 말했다. "엄마! 죽었다가 다시 살아났다는 사실이 정말 감사하고 고마운 일이에요. 너무 기뻐서 눈물이 마구 쏟아지네요!" 내 감동적인 말에 부모님은 더욱 눈물을 쏟으셨다. 우리는 그렇게 함께 기쁨의 눈물을 나누고 있었다.

그러나 이 아름답고 훈훈한 순간도 잠시, 의사 선생님의 '올바른 설명'이 우리의 감동을 순식간에 무너뜨렸다. 의사 선생님 왈 "학생! 다시 살아나서 진심으로 축하해. 그런데 지금 나오는 눈물은 연탄가스 중독으로 인해 몸이 마비되어 눈을 깜박이지 못했고, 그러다 보니 눈 안이 건조해져서 그 건조함을 없애기 위해 자동으로 나오는 생리현상이야."

과학적 사실이 감동적인 순간의 의미를 완전히 바꿔놓은 것이다. 만약 의사가 "학생! 다시 살아난 것을 축하하고 내 마음도 기쁩니다. 기쁨의 눈물 흘리는 이 마음 꼭 간직했다가 앞으로 열심히 살아가는 데 큰 도움이 되길 바랍니다."라고 했다면 어땠을까? 그 순간의 진실이 생리적 현상이었다 해도, 그것을 모르고 살았다면 나는 그 재생의 기쁨으로 인생을 더 열심히 살지 않았을까 하는 생각이 든다.

이 경험은 내게 깊은 통찰을 주었다. 올바른 설명이 항상 최선은 아니며, 때로는 진심 어린 '공감'이 더 중요할 수 있다는 것을. 이는 후에 내가 코칭을 하면서 더욱 분명히 깨닫게 된 진리였다.

그룹 코칭에서 진행한 한 실험은 이런 깨달음을 더욱 공고히 했다. 인정/칭찬 카드를 무작위로 뽑아 상황과 관계없이 그 문구로 상대를 칭찬하게 했는데, 놀랍게도 인정/칭찬의 대상과 문구가 정확히 일치하지 않아도 그 효과는 다르지 않았다.

수식으로 표현하면 "인정/칭찬의 대상 ≠ 인정/칭찬의 문구"더라도, 그 효과는 동일했다는 것이다. 이는 내게 큰 충격이었다. 말을 잘하는 것이 자랑이었던 내가, 결국 중요한 것은 말의 정확성이나 적절성이 아닌 그 진심이라는 것을 깨달은 것이다. 과거 여러 코칭 경험을 돌이켜보며, 나는 그동안 너무 '올바른' 말에 집중한 것은 아니었는지 깊이 반성하게 되었다.

말 잘하는 사람과 말 못하는 사람의 인정과 칭찬이 말솜씨와는 무관하게 진정한 공감이라면, 동일한 효과를 낸다는 사실은 어쩌면 내가 그토록 자부심을 가졌던 '말 잘하기'라는 명함이 이제 무의미해졌음을 의미

리더에서 코치로 ──────

하는지도 모른다. 하지만 역설적으로, 이런 깨달음이 오히려 나를 더 진정한 코치로 성장하게 했다. 올바름을 넘어선 공감, 그것이야말로 진정한 소통의 핵심이었다.

인정과 칭찬이라는 주제를 붙잡고 오래도록 씨름하면서, 그동안 내가 놓치고 있던 본질적인 깨달음이 서서히 모습을 드러내기 시작했다.

처음에는 '무엇을' 인정하고 칭찬해야 하는지가 가장 큰 고민이었다. 완벽한 표현과 정확한 묘사를 찾아 헤매던 나의 모습이 떠오른다. 하지만 시간이 흐르면서 점차 깨달았다. 인정과 칭찬의 진정한 대상은 겉으로 드러나는 행위가 아닌, 그 사람의 존재 자체라는 것을.

예를 들어 '영이'가 착한 일을 했을 때, 우리는 그 행위 자체보다 그런 선택을 한 '영이'라는 존재를 인정하는 것이다. 그래서 설령 그 착한 일을 완벽하게 표현하지 못하더라도, '영이'는 그 진심을 느낄 수 있는 것이다. 마치 춤을 추고 난 후 누군가가 "천사 같아요!"라는 엉뚱한 표현을 썼다 하더라도, 우리는 그 말의 문자적 의미보다 그 안에 담긴 진심 어린 감동을 읽어내는 것처럼.

깊어져 가는 밤 속에서, 나는 문득 과거 연탄가스 중독 사고를 떠올렸다. 우리 집은 그 사고 이후 기름보일러로 바꾸었고, 이제는 그런 위험이 거의 사라졌다. 이처럼 세상은 변화하고 발전한다. 나의 코칭도 마찬가지다. 완벽한 표현이나 과학적 정확성보다 중요한 것은 진정성이라는 깨달음이 내 마음을 채우고 있다.

인정과 칭찬은 마치 보이지 않는 손짓, 들리지 않는 속삭임과도 같다. 겉으로 드러나는 말과 표현을 넘어, 그 안에 담긴 진실한 마음이 상대방의 영혼을 움직이는 것이다. 이것이 내가 오늘 밤 깨달은 소중한 진리이다. 그리고 이 깨달음은 앞으로 내가 코치로서 걸어갈 길에 든든한 나침반이 되어줄 것이다.

사랑은 곧 코칭, 코칭은 곧 사랑

코칭을 시작한 지 4년이 흘렀지만, 여전히 마음 한편에는 부족함과 두려움이 자리 잡고 있다. 코칭이라는 단어 앞에서 느끼는 부끄러움, 모자람에 대한 자책감은 마치 새벽안개처럼 스멀스멀 피어오르고, 용기는 저 멀리 달아나 버린 채 내 영혼과 마음은 길거리에 흩어진 낙엽처럼 방황하고 있었다.

하지만 하느님은 이런 나를 그냥 두지 않으셨다. 따스한 햇살이 가득했던 어느 일요일 아침, 성당에서 들은 신부님의 강론은 내 삶을 뒤흔들어 놓았다. "사랑하는 구체적인 방법"이라는 주제의 강론은 안개 가득한 속에서 마치 오래 헤매다가 답을 발견한 것 같은 전율을 안겨주었다.

신부님은 말씀하셨다. 사랑이란 단어가 너무 추상적이어서 많은 이들이 실제로 사랑하는 것인지, 사랑받는 것인지조차 구분하지 못한 채 살아간다고. 그래서 이 추상적인 "사랑"을 다섯 가지 구체적인 실천 방법으로 나누어 설명해 주셨는데, 놀랍게도 이 방법들이 내가 알고 있는 코칭 Technology와 완벽하게 일치했다.

강론을 듣는 내내 등골이 서늘해지는 것을 느꼈다. 이 깨달음을 동료 코치들과 나누고 싶은 마음에 그날 밤 잠을 이루지 못했다. 예수님의 "서로 사랑하라"는 말씀이 종교를 넘어 코칭의 세계로 자연스럽게 스며드는 것을 발견한 것이다. 고객을 향한 진정한 사랑의 마음과 그것을 실천하고자 하는 의지만 있다면, 코칭은 자연스럽게 흘러갈 수 있다는 확신이 들었다.

신부님이 말씀하신 다섯 가지 사랑의 실천 방안은 다음과 같다.

1. 함께 하기/같이 있어 주기

2. 이야기 들어 주기

3. 편들어 주기

4. Contact 하기/관심 가져주기

5. 선물하기/표현하기

사랑하는 방법 1. "함께 하기/같이 있어 주기"

이는 코칭의 "신뢰 관계 조성" 또는 'Rapport 형성하기'와 정확히 일치했다. 잘 만들어진 Rapport와 좋은 신뢰 관계는 코칭 내내 코칭의 질을 높여주는데 크게 기여하고 있다.

사랑하는 순간을 떠올려보면, 우리는 항상 함께 있기를 원한다. 어제 만났어도 오늘 또 보고 싶고, 방금 헤어졌는데도 다시 돌아보고 싶어지는 그 마음. 어려울 때 곁에 있어주고 싶고, 외로울 때 함께 있어주고 싶은 그 마음이 바로 사랑이다. 이런 과정을 통해 기쁨은 배가 되고 슬픔은 반으로 줄어들며, 관계는 점점 더 깊어진다.

코칭에서도 이와 같은 현상이 일어난다. 고객과의 신뢰 관계는 단순한 정보보호나 비밀 유지를 넘어선다. 진정으로 고객을 위하는 마음, 아가페적 사랑이 고객으로 하여금 코치와 함께하고 싶은 마음으로 이어지는 것이다. 코칭이라는 특별한 공간 안에서 고객을 사랑하는 마음으로 함께 있는 것, 이것이 바로 "신뢰 관계 조성"의 본질임을 깨달았다.

사랑하는 방법 2. '이야기 들어 주기'

"이야기 들어주기"라는 사랑의 두 번째 방식이 코칭의 "경청"과 만나는 순간을 생각해 보자. 사랑하는 사람의 이야기를 들을 때 사람들에게 보이는 그 특별한 모습들 - 목소리만 들어도 행복해하는 표정, 온전히 집중하며 지긋이 감은 눈, 사랑스러운 눈빛으로 그윽하게 바라보는 모습, 끄덕이며 공감을 표현하는 몸짓까지. 이런 모습들이 코칭 현장에서 마주하는 장면과 얼마나 닮아있는가.

코치의 경청은 단순한 듣기를 넘어선다. 들리지 않는 것도 들으려 하고, 보이지 않는 것도 보려 노력하며, 단어 하나하나에서 고객의 내면 깊숙이 숨어있는 욕구까지 파악하려는 진정한 듣기의 예술이다. 이 깨달음이 온몸에서 마구 솟구치는 순간, 나는 이것이 바로 사랑의 한 형태 - 이야기 들어주기 – 임을 깨닫는다.

사랑하는 방법 3. '편들어 주기'

세 번째 단계인 "편들어 주기"가 코칭의 "인정과 칭찬"과 만나는 지점은 더욱 흥미롭다. 주차장에서 아내의 작은 부주의로 다른 사람과 자그마한 다툼이 벌어졌었다. 아내의 서툰 운전으로 상대방과 다툼이 벌어졌을 때, 나는 주저 없이 아내의 편에 섰다. 이는 옳고 그름의 문제가 아닌, 아내의 감정을 이해하고 공감하는 과정이었다. 아내는 내 지지를 받아들이면서도, 스스로 잘못을 인정하고 성찰하는 모습을 보였다. "여보! 아까는 정말 고마웠어요! 앞으로 운전 조심할게요!"라는 말에서, 나는 '진정한 지지 – 편 들어주기'가 가져오는 변화의 힘을 목격했다.

만약 그 순간 올바름을 추구한다고 생각해서, 아내의 잘못을 상대방 앞에서 나무라고 무시했다면 어땠을까? 아마 한 달간은 '소 닭 보듯이' 쳐다보는 아내의 시선을 의식하며 진땀을 흘려야 하지 않았을까? 편들어 준다는 것은 옳고 그름을 판단해 주는 것이 아니고, 맹목적인 동의도 아니다. 상대의 감정을 이해하고 공감하는 것이다. 이는 앞서 언급한 신뢰 관계 즉 함께 하기의 연장선에 있는 것이다. 이성적 판단은 코치가 아닌 고객이 스스로 하도록 하는 것, 이것이 바로 코칭의 참모습이라고 생각한다.

사랑하는 방법 4. 'Contact 하기/관심 가져주기'

네 번째 단계인 "Contact 하기/관심 가져주기"는 코칭의 "질문하기"의 다른 형태인 거 같다. 사랑하는 마음은 자연스럽게 상대방이 어떤 상황인지를 파악하는 호기심과 궁금증으로 변화되어 나타난다. 기분은 어떤지? 무엇을 좋아하는지? 어떤 계획이 있는지? 무슨 도움이 필요한지? 끊임없이 묻게 되는 것이다. 이는 단순한 호기심이 아니라 '사랑'이 '관심'이라는 형태로 표현되는 자연스러운 현상이다.

코칭에서도 마찬가지다. 고객을 향한 코치의 사랑은 질문이라는 형태로 구체화한다. 이러한 질문을 통한 접촉과 소통은 코칭의 깊이를 더해 가고, 이는 다시 더 깊은 신뢰로 이어진다. 이 순간 나는 이 글을 쓰면서 다시 한번 강렬한 깨달음을 얻는다. 코칭의 본질이 바로 사랑이며, 이 인간 본연에 대한 사랑을 통해서만이 코칭의 목표가 구체적으로 실현될 수 있다는 것을…

사랑하는 방법 5. '선물하기/표현하기'

사랑의 다섯 번째이자 마지막 방법인 "선물하기/표현하기"는 코칭의 "긍정적 피드백 하기"와 맞닿아 있다. 순수한 선물의 의미를 생각해 보면, 그것은 언제나 사랑하는 이들을 향해 있다. 진정한 마음에서 우러나오는 선물은 영혼과 마음을 담아 구현되는 사랑의 표현이다.

카네이션을 받고 행복에 겨워하는 어르신들의 모습, 연인의 선물에 감동의 눈시울을 적시는 애인의 표정, 이런 순간들은 말로는 다 표현할 수 없는 귀중한 사랑의 순간들이다. 코칭에서도 이와 다르지 않다. 힘든 과정을 거쳐 성장하는 고객들에게 건네는 긍정적 피드백과 축하의 말은 가장 순수하고 지고지순한 형태의 선물이 된다.

이 모든 깨달음은 결국 하나의 명확한 진리로 수렴된다. 코칭의 본질은 바로 사랑이며, 그 사랑을 실천하는 다섯 가지 방법을 통해 완성되는 것이다. 고객과 함께하며, 진심으로 귀 기울이고, 공감하고 인정하며, 호기심 어린 질문을 건네고, 마지막으로 긍정적 피드백이라는 선물을 전하는 것. 이것이 바로 진정한 코칭의 모습임을 깨닫게 된 나 자신이 대견하기만 하다.

이제는 알겠다. 앞으로의 코칭에서 나는 매 순간 고객을 사랑하리라. 그저 마음속의 추상적인 감정으로만이 아닌, 이 다섯 가지 구체적인 방법을 통해 실천하는 사랑으로 말이다.

더 나아가 이 깨달음을 가정에까지 적용해 보려고 한다. '가족은 코칭이 안 된다'라는 말이 있지만, 이제는 다르게 말할 수 있다. 아내와 아들, 딸에게도 이 사랑의 방정식을 적용하면 충분히 코칭이 될 수 있을 거라 확신한다. 가족을 향한 사랑의 구체적인 실천이 곧 최고의 가족에 대한 코칭일 것이다.

집으로 향하는 발걸음이 한없이 가벼워진다. 이 놀라운 깨달음을 안고, 어서 빨리 가서 사랑이라는 이름의 코칭을 실천하고 싶다. 코칭이 곧 사랑이며, 사랑이 곧 코칭이라는 이 단순하면서도 심오한 진리를 깨달은 오늘, 나는 진정한 코치로 한 걸음 더 성장한 것 같다.

코칭 - 사는 대로 생각하지 말고, 생각하는 대로 사는 방식!

코칭의 핵심 목적은 무엇일까? 깊이 생각해 보면, 그것은 고객의 마음을 움직여 깨달음을 얻게 하고, 그 깨달음을 바탕으로 의미 있는 실천으로 이어지게 하는 것이다. 하지만 우리의 현실은 종종 이와 반대로 흘러간다. 많은 이들이 '사는 대로 생각하는' 삶을 살아간다. 태어났으니 사는 것이고, 사니까 사는 것을 정당화/합리화하는 것이다. 행동이 먼저고 생각은 그 뒤를 따르는 형태다.

이런 방식은 종종 '일단 저지르고 보자'라는 식의 행동으로 이어진다. 그리고 그 행동이 끝난 후에는 자기 행동을 정당화하기 위해 사후 명분을 찾느라 분주해진다. 이런 상황에서는 자기 행동을 진정으로 평가하기보다는 '잘했다', '다른 방법이 없었다'라는 식의 변명으로 합리화하게 된다. 그렇게 하지 않으면 잘못된 결과에 마음이 상처받고, 그 경험이 미래의 행동을 방해하는 요소로 작용할 수 있기 때문이다.

코칭은 이러한 불합리한 '사는 대로 생각하는' 방식이 아닌, '생각하는 대로 사는' 새로운 패러다임을 제시한다. 주요 코칭 기관들이 제시하는 모델들이 있다. 코치협회의 GROW (*Goal-Reality-Option-Will*) Model이 있고, Cit코칭연구소의 STAR (*Story-Target-Action Plan-Recap*) Model이 있고, 코칭경영원의 SMART (*Shared the goal-Make options from the gap-Action Planning-Review & Feedback-Trusted Partnership*) Model이 있다. 이 대표적인 3가지 코칭 대화 모델의 공통점은 실천(*Will, Action Plan, Action Planning*)을 중요시하되, 그 실천이 사전에 목표 설정과 깨달음 즉 '생각'을 바탕으로 이루어져야 한다는 점을 강조한다.

내 어린 시절의 100미터 달리기 경험은 이런 원칙의 중요성을 생생하게 보여준다. 마음의 준비도 없이 체육 시간에 갑자기 그것도 강제적으로 행하게 된 달리기는 22초라는 부진한 기록과 함께 깊은 상처를 남겼다. 나는 운동과는 담쌓은 사이야! 라는 고정관념에 빠지는 계기가 되었고, 더 심각한 것은 이 경험이 달리기뿐만 아니라 모든 운동에 대한 거부감으로 이어져, 내 삶의 중요한 한 영역을 완전히 잃어버리게 만들었다는 점이다.

이처럼 마음이 움직이지 않은 채 강제된 행동은 진정한 실천이 될 수 없고, 그 결과도 좋을 수 없다. 나쁜 결과는 다시 방어 기제와 핑계를 만들어내며, 이는 결국 삶의 중요한 가능성을 차단하게 된다. 반면, 자기 생각과 깨달음을 바탕으로 한 행동은 인생의 참된 의미와 가치를 발견하게 해준다. 설혹 좋지 않은 결과를 가져온다고 하더라도 스스로 궤도 수정이나 더 나은 대안을 위한 행동으로 진화, 발전할 수 있다.

따라서 코치의 진정한 역할은 고객이 스스로 마음을 움직이도록 돕는 것이다. 공감하고, 질문하고, 지원하는 과정을 통해 고객의 자발적인 깨달음과 실천을 이끌어내는 것. 이는 전혀 쉽지 않은 과제지만, 진정한 변화를 위해서는 반드시 필요한 과정이다. 코치는 이 어려운 여정에서 고객과 함께 걸어가는 동반자가 되어야 한다.

코치로서의 여정에서 '어떻게 하면 고객이 스스로 깨달음을 얻고 실천하게 할 수 있을까?'라는 질문은 끊임없는 고민거리였다. 나는 다양한 방법을 시도해 보았다. 거울처럼 고객의 모습을 비춰주기도 하고, 상상 속에서 고객을 하늘 위로 데려가 자신을 조망하게 하거나, 다른 이들의 모습을 통해 자신을 발견하게 하는 등 여러 시도를 했다. 하지만 이러한 방법들은 모두 갈증을 완전히 해소하지 못했다.

그러다 문득 나 자신은 언제 깨달음을 얻었는지 돌아보게 되었다. 놀랍게도 깨달음은 항상 가장 단순한 순간에 찾아왔다. 원효대사의 해골바가지 일화나 면벽 고승의 깨달음처럼, 가장 단순한 행동이나 상황에서 큰 깨달음이 온 것이다. 물을 마시다가 '왜 마시지?'라는 단순한 의문에서, 또는 누군가를 만나며 '왜 만나지?'라는 소박한 질문에서도 깊은 통찰이 시작될 수 있었다.

이런 경험들은 결국 '단순함'이 깨달음의 열쇠라는 것을 알려준다. 복잡한 현실을 단순하게 바라볼 때 진정한 깨달음이 찾아오는 것이다. 어지러운 방 안에서는 깊은 생각이 나지 않지만, '바다 멍!', '불멍'처럼 멍하니 바라보다 갑자기 '왜 사는 거지?'와 같은 근본적이고 단순한 질문이 떠오르며 우리를 성찰로 이끈다.

반면에 실천은 이러한 단순한 깨달음을 다시 다양한 방식으로 펼쳐나가는 과정이다. 마치 하얀 도화지에 그림을 그리는 것처럼, 깨달음이라는 도화지를 바탕으로 하고 다채로운 색과 형태로 현실을 채워나가는 것이다. 이는 복잡함이 아닌 '다양함'이라 불러야 할 것이다.

이제 나는 코칭의 본질을 새롭게 이해하게 되었다. 코칭은 현실의 복잡함을 단순하게 재정의하여 본질이 무엇인지에 대한 깨달음을 얻고, 그 깨달음을 다시 실천이라는 다양한 형태로 펼쳐나가는 과정이다. "사는 대로 생각하지 말고, 생각하는 대로 살자", "복잡하게 살지 말고, 단순하게 생각하고 다양하게 추구하자"라는 오늘 나의 깨달음은 앞으로의 코칭 여정에 새로운 나침반이 되어줄 것이다.

이 통찰은 나에게 단순히 방법론적 변화를 넘어, 코칭의 본질적 접근 방식을 재정립하는 계기가 되었다. 고객의 복잡한 현실을 본질을 찾기 위한 단순한 질문으로 환원하고, 거기서 얻은 깨달음을 다시 풍성하고 다양한 실천으로 이끌어내는 것. 이것이 바로 내가 찾던 코치의 진정한 모습이었다.

돕는 게 돕는 것이 아니라는 깨달음을 얻기까지

고객과의 코칭 대화 녹취록을 확인하던 순간(물론 고객의 동의를 얻어 시도했음), 나는 충격에 빠졌다. 코칭이 잘 진행된 것 같았고, 고객도 만족스러워했는데, 내 발언 점유율이 42%나 되었다니. 잘 된 코칭의 기준인 코치의 발언 점유율 20~30%를 훌쩍 넘은 이 수치 앞에서, 나는 깊은 자괴감을 느꼈다. 이게 과연 코칭이었을까? 아니면 그저 일방적인 강의였을까? 이런 의문을 안고 멘토 코치님을 찾아갔다.

"어떤 마음으로 코칭을 하시나요?" 멘토님의 첫 질문에 나는 주저 없이 대답했다.

"순수하게 고객을 위하는 마음뿐입니다. 고객이 자신의 가치를 깨닫고 스스로 문제를 해결할 수 있도록 돕고 싶었어요."

"그렇다면 이 질문들을 한번 살펴보세요. 정말 모두 고객을 위한 질문이었나요?"

멘토 코치님의 말씀에 객관적으로 다시 한번 녹취록을 보니, 많은 질문이 실은 내 존재감을 과시하거나 고객을 특정 방향으로 유도하려는 의도가 숨어있었다. 선한 영향력을 미치고 싶었던 마음이 오히려 방해된 것이다.

"고객의 반응은 어땠나요?" 멘토님의 질문에 나는 잠시 생각에 잠겼다.

"질문에 대한 답변이 점점 단순해졌어요. 기분은 좋아하는 것 같았지만, 대화의 흐름이 자연스럽지 않았던 것 같습니다. 어떤 때는 고객 자신의 이야기가 아니라 코치인 저를 위한 답변을 해주시는 듯한 느낌도 받았습니다."

멘토님은 내게 진정한 코칭의 의미를 깊이 생각해 보게 했다. 그러자 새로운 관점이 보이기 시작했다. 코치는 마치 오케스트라에서 바이올린 연주자를 돋보이게 하는 첼로 반주자 같은 존재여야 한다는 것을. 주인공은 언제나 고객이어야 하며, 코치는 그들의 이야기가 더 풍성하게 울려 퍼지도록 돕는 조력자여야 한다는 사실을.

"그렇게 하면 코치는 어떤 변화를 경험하게 될까요?"

"제 발언은 줄어들 것 같습니다. 대신 고객의 말 한마디, 단어 하나, 심지어 호흡 하나에도 더 집중하게 될 것 같아요. 마치 에너지의 파동을 감지하듯이요."

대화를 마무리하며, 나는 중요한 깨달음을 얻었다. 진정한 코칭이란 내가 고객을 위하는 것이 아니라, 고객이 자신을 위할 수 있도록 돕는 것이다. 때로는 덜 개입하고, 덜 말하고, 덜 도와주는 것이 진정한 도움이 될 수 있다는 역설적인 진리를 깨달은 것이다.

이제 나는 바이올린 연주자 곁의 첼로처럼, 바이올린이라는 고객의 이야기가 더욱 아름답게 울려 퍼질 수 있도록 조용히 자리를 지키는 첼로의 연주법을 배워가고 있다.

처음에는 미처 보지 못했다. 고객을 위한다는 미명 하에 던진 내 질문들이 사실은 나를 위한 것이었다는 사실을. 빠른 해결책을 찾아 주고 싶은 조급함이 닫힌 질문들을 만들어냈고, 그 닫힌 질문들은 마치 새장처럼 고객의 생각을 가두어버렸다. 긍정적이고 선한 의도를 가진 질문이라 할지라도, 그것이 닫힌 형태였기 때문에 고객의 사고는 그 틀을 벗어날 수 없었다.

이는 눈덩이처럼 불어났다. 닫힌 질문에 갇힌 고객의 발언은 점차 줄어들었고, 그 빈자리를 채우려는 미숙한 코치의 마음이 더 많은 코치의 말로 공백을 메우고 있었다. 악순환의 시작이었다.

'도와주고 싶은 마음 어쩌라고요?' 이 질문 앞에서 나는 다시 한번 생각해 본다. 정말 고객을 돕고 싶은 것일까, 아니면 '잘하는 코치'가 되고 싶은 내 욕심을 채우고 싶은 것일까?

넘어져 우는 아이에게 사탕을 주는 상황을 떠올려본다. 아이의 울음은 그쳤을지 모르지만, 상처에서는 여전히 피가 흐르고 있다. 겉보기에는 성공적인 위로처럼 보이지만, 진정한 치유는 이루어지지 않은 것이다. 반면에 "넘어져서 아프겠구나"라며 호~~오를 불어주면서 아이의 아픔에 공감하고, 약을 발라주며 차근차근 치료 과정을 함께하면서, 그 과정을 잘 견딘 것에 대한 보상으로 사탕을 주는 것은 다르다. 이런 경험은 아이에게 다음번 상처에 대처하는 법을 가르쳐준다.

도움을 주는 방식에 대한 깊은 통찰이 필요하다. 코치의 발언이라는 도구가 아니라, 고객의 에너지 파동, 즉 그들의 실제 필요에 초점을 맞추어야 한다. 마치 쌀은 있지만 기름이 없는 이에게 내가 가진 쌀이 아닌 그들에게 필요한 기름을 주는 것처럼, 진정한 도움은 돕는 이의 편의가 아닌 도움받는 이의 필요에 맞춰져야 하는 것이다.

이제야 알게 되었다. 진정한 도움이란 내가 가진 것을 주는 것이 아니라, 상대가 필요로 하는 것을 함께 찾아가는 과정임을. 그리고 그 과정에서 코치의 역할은 답을 주는 것이 아니라, 고객 스스로 답을 찾아갈 수 있는 공간을 만들어주는 것임을.

고객이 많은 이야기를 하게 하는 방법
– 코치의 취약성을 노출하라!

처음 코치가 되었을 때의 모습이 선명하게 떠오른다. 그때의 나는 얼마나 서툴고 어설펐던가? 고객들은 내 질문의 의도를 이해하지 못해 눈썹을 찌푸렸고, 대화 사이의 침묵은 견디기 힘들 만큼 어색했다. 대화의 주도권을 내가 쥐고 있었던 것도 모자라, 고객의 감정은 뒷전인 채 논리와 이성만을 좇아 달렸다.

가장 부끄러운 것은 내가 늘 똑똑한 척하며 고객의 이야기를 정리하려 들었다는 점이다. 마치 내가 무언가를 더 잘 알고 있다는 듯이, 고객보다 한 발짝 위에서 설명하기에 바빴다. 지금 생각하면 그저 쥐구멍이라도 찾아 들어가고 싶은 심정이다. 코칭이 끝날 때마다 느꼈던 안도감이란…. 그 어색하고 교만했던 순간들을 기억하면서도, 다음 코칭이 시작되면 또다시 되풀이되는 부족한 나의 모습들. 그것은 마치 끝없이 돌아가는 수레바퀴와 같았다.

하지만 지금 이렇게 성찰의 글을 쓸 수 있을 만큼 성장했다는 사실이 놀랍다. 물론 이런 생각마저도 아직 채 익지 않은 코치의 교만일지 모른다. 그래도 이제는 코칭이 경청에서 시작된다는 진리를 알게 되었다. 요즘 들어서 특히 깨닫는 것은, 고객이 더 많은 이야기를 하고 더 많은 감정을 표현할수록 코칭의 만족도가 높아진다는 사실이다. 그리고 이를 위한 좋은 방법의 하나가 '코치의 취약성 노출'이다. 이에 대한 느낌을 공유하고 싶다.

'코치의 취약성을 노출하라' 처음에는 이 개념이 얼마나 낯설었던가. "이미 부족한 코치가 고객 앞에서 약점까지 보여야 한다고? 말도 안 되는 소리!"라고 외치던 때가 있었다. 하지만 지금은 이 말의 깊은 의미를 이해하게 되었다.

코칭은 인간을 성선설의 관점에서 바라보며, 긍정심리학을 토대로 고객을 전인적 존재로 대한다. 이런 관점을 가진 사람들은 어떤 특징을 보일까? 그들은 약한 이를 보호하고, 도움이 필요한 이를 돕고 싶어 하며, 부족한 것을 채워주려는 따뜻한 마음을 지니고 있다.

여기서 역설적인 진리가 드러난다. 코치의 취약성을 드러내는 것이 오히려 고객과 함께 성장하는 길이 될 수 있다는 것이다. 코칭 과정에서 드러나는 코치의 취약한 모습들은 오히려 고객의 자발적인 참여와 긍정적인 태도를 이끌어내는 촉매제가 된다. 이것은 마치 완벽해 보이는 벽이 아닌, 틈새로 빛이 스며드는 창이 되어주는 것과 같다. 코칭 현장에서 코치가 보이는 취약성의 모습은 주로 다음의 3가지로 나타날 수 있다고 생각한다.

겸손한 코치의 모습

진정한 코칭의 역설은 코치의 '잘남'을 내려놓는 데서 시작된다. 분명 뛰어난 이들이 코치가 되지만, 코치가 된 후에는 그 '잘남'을 벗어던져야 한다. 왜일까? 너무 빛나는 코치 앞에서 고객이 자신의 이야기를 빛낼 수 있을까? 물이 높은 곳에서 낮은 곳으로 흐르듯, 말도 그렇게 흐르기 마련이다. 잘난 코치의 말이 덜 잘난 고객에게로 흐르면, 고객의 목소리는 점점 작아지고 그리고 적어지고 말 것이다.

한때 본 코칭 장면이 아직도 선명하다. 대학교수 출신의 연배 높으신 코치가 젊은 고객을 마주하고 있었다. 겸손하게 대한다고 하면서도, 어르듯 타이르듯 코칭하는 모습. 고객은 고개를 약간 숙인 채 그 말을 듣고만 있었다. 이는 코칭도, 멘토링도 아닌 '훈계'라는 코칭의 탈을 쓴 것이 아니었을까? 그 젊은 고객이 과연 무슨 말을 할 수 있었을까? 생각만 해도 가슴이 먹먹해진다.

낮은 자세의 코치 모습

나이는 단순한 숫자일 뿐이라고 하면서도, 고객을 향해 반말을 써대는 코치들을 보면 안타깝다. 존중받기를 갈망하는 MZ세대를 이야기하면서, 정작 그들을 존중하지 않는 모습이라니. 코치는 고객 앞에서만큼은 철저히 낮아져야 한다. 그래야만 높은 곳에 있는 고객들의 '말'과 '감정'

이라는 물줄기가 코치에게로 흘러내릴 수 있다. 우리 코치들끼리도 그렇지 않은가? 너무 잘난 코치 앞에서는 말하기보다 듣기에 급급해진다. 아니, 말하고 싶은데 말할 기회도 주어지지 않는 경우가 많다. 고객들도 마찬가지다. 너무 잘난 코치에게는 코칭을 받고 싶기보다는 벗어나고 싶어 하지 않을까? 정말 고민해 볼 문제이다.

자신의 모습이 아니라 고객이 필요한 모습으로 나타나는 코치

코치의 취약성은 또 다른 의미도 품고 있다. 그것은 자신의 모습을 고집하지 않고 고객에게 필요한 모습으로 변화하는 것이다. 이는 코치의 장점을 일부 포기해야 할 수도 있음을 의미한다. 마치 토끼에게는 풀밭이 필요한데, 코치가 자신의 특성인 바다로 이끌어서는 안 되는 것과 같다. 정글 속 호랑이 같은 고객에게 태평양의 모습을 강요할 수는 없지 않은가?

이런 맥락에서 코치의 취약성이란, 자신의 특징과 장점을 기꺼이 내려놓고 고객에게 맞추어가는 유연함을 의미한다. 최근 많은 코치가 갤럽의 강점 Top 5에서 '개별화'와 '최상화'라는 강점을 추구하게 된 것도 이와 같은 맥락일 것이다. 진정한 코치의 강점은 역설적으로 자신의 강점을 내려놓을 줄 아는 데에서 시작되는 것이다.

코칭이 마음처럼 풀리지 않을 때면 가슴이 무겁다. 하지만 이런 순간에도 코치의 취약성은 오히려 새로운 도약의 발판이 된다. 그것은 더 나은 코치가 되어가는 여정의 귀중한 이정표가 되어주는 것이다.

"부족하지만 최선을 다하고 있습니다. 저를 좀 도와주세요." 취약한 코치의 이 한마디에 고객은 오히려 따뜻하게 화답한다. "당연하지요. 저를 위해서인데요. 제가 도와드리겠습니다."

만족스럽지 못한 코칭 날에도 나는 이제 스스로를 다독일 줄 안다. "오늘은 좀 아쉬웠네." 이렇게 인정하면서도 내일의 희망을 잃지 않는다. "난 나를 믿어! 내일의 더 나은 나를 위해 파이팅!"

실수했을 때도 이제는 주변에 진솔하게 고백할 수 있다. "실수가 있었습니다! 이해해 주십시오." 그러면 주변 사람들은 따뜻한 미소로 응답한다. "코치도 사람인데요. 뭐! 당연하죠!"

코치가 자신의 취약함을 인정하고 그것을 떳떳하고 진솔하게 세상에 드러낼 때, 세상은 공감과 긍정의 선물로 답한다. 이제 나는 확신한다. 고객이 마음을 열고 더 많은 이야기를 하게 만드는 최고의 비결은 바로 '코치의 취약성을 드러내는 것'이라고.

내일부터 나는 더욱 겸손하고, 더욱 솔직하며, 더욱 낮은 자세로 코칭에 임하리라. 그것이 진정한 코치의 길이며, 고객과 함께 성장하는 여정의 시작임을 이제는 알 것도 같다.

위기
– 코칭 여정에서 마주친 딜레마와 그 극복의 지혜

코칭의 세계에 발을 들인지 어느덧 3년 6개월. 시간은 화살처럼 빠르게 지나갔다. 되돌아보면 첫 1년은 아무것도 모른 채 흘러갔고, 그 뒤 2년은 반쯤 익은 코치로서 고객들을 내 성장의 디딤돌로 삼지는 않았나 하는 부끄러움이 밀려온다. 그 시절 만났던 고객들을 다시 만난다면, 더 나은 코칭으로 당시의 부족함을 보상하고 싶은 마음이 간절하기만 하다.

3년 차에 접어들면서는 뭔가 좀 안다는 교만함이 슬그머니 고개를 들기도 했지만, 그 이면에는 코칭 현장에 존재하는 딜레마와 씨름하는 고뇌의 시간이 있었다. 이 딜레마의 수렁에 빠져 성장을 멈추거나 아예 코칭 계를 떠나는 동료들을 보며, 같은 고민의 늪을 경험한 코치로서 이 생각들을 나누고 싶다.

코칭 딜레마 1. 초보 코치들에게는 수입 < 지출이 큰 코칭 생태계

첫 번째 딜레마는 초보 코치들이 직면하는 냉혹한 현실이다. 수입보다 지출이 압도적으로 큰 생태계다. 자격증 취득 과정부터 시작되는 학원비, 멘토 코칭 비용, 코더코 비용은 기본이다. 여기에 실습 시간 확보를 위한 버디 코칭 비용, 동료들과의 교류에 드는 사교비용, 더 나은 코치가 되기 위한 각종 진단과 디브리핑 과정, 특강 비용까지. 산 넘어 산이다.

KPC(한국코치협회 인증 기준 프로코치) 기준으로 80% 이상이 순수한 코칭 기준으로 월평균 수입이 100만 원 미만이라는 통계는 씁쓸한 현실을 보여준다. 이때까지 투자한 비용은 상상을 초월할 정도로 수입을 압도한다. 이런 현실에서 계속 코치로 성장한다는 게 과연 무슨 의미가 있을까? 오랜 고민 끝에 찾은 답은 두 가지다.

첫째는 비용 측면이다. 이 모든 지출을 '행복 비용'으로 바라보는 것이다. 코칭을 통해 나는 마음의 평화를 얻었다. 사회가 키워준 내가 다시 사회에 공헌한다는 생각은 삶에 새로운 의미를 부여했고, 자존감도 한층 높아졌다. 무엇보다 가정의 풍경이 달라졌다. 어느 순간부터 대화가 시냇물처럼 자연스레 흐르기 시작했고, 자녀들이 스스럼없이 찾아와 이야기를 나누는 모습은 이제 일상이 되었다. 이런 행복을 위한 비용이라면, 결코 아깝지 않을 수밖에 없다.

리더에서 코치로 ——————

둘째는 투자 측면이다. 이것은 미래를 위한 '투자비'로 보는 시각이다. 우리는 초등학교부터 대학교, 때론 대학원까지 16년 넘게 오직 지출만 하며 공부해 왔다. 게다가 군대까지… 그 시간이 지난 뒤에야 돈을 벌기 시작하였음을 떠올려보면, 코칭의 현재 상황이 그리 비관적이지만은 않다. 나 같은 경우에 이제 고작 3년 투자하는 중인데, 오히려 학교 교육에 비해 투자 비용도, 기간도 훨씬 짧다는 점에 감사함을 느끼고, 첫술에 배불러지려 하는 조급함을 달랠 필요가 있는 거 같다.

코칭 딜레마 2. 상위 자격증을 취득해야 잘하는 코치인가?

코칭 계에서는 자격증의 단계를 통해 코치의 성장 수준을 가늠하곤 한다. 한국코치협회 기준으로 KAC에서 시작해 KPC, KSC, 국제 코칭연맹 기준으로 ACC, PCC를 거쳐 MCC까지, 이 계단식 성장 구조는 마치 정해진 공식처럼 받아들여진다. 하지만 이 구조는 우리에게 깊은 고민을 안긴다. 과연 상위 자격증을 가진 코치가 더 나은 코칭을 보장하는가? 이 질문 앞에서 많은 코치들이 머뭇거리게 될 수밖에 없는 것이다.

현장에서는 자격증 없이도 뛰어난 코칭 능력을 보여주는 이들을 종종 만난다. 오은영 박사님, 김창옥 교수님, 김미영 박사님처럼 자타가 인정하는 전문가들은 코치 자격증 없이도 KSC 이상의 역량을 보여주지 않는가? 이런 현실 앞에서 많은 동료들이 상위 자격증 취득을 주저할 수밖에 없는 것이다.

더욱이 일부에서는 코칭 교육기관과 기존 상위 코치들의 '먹이사슬론'을 제기한다. 마치 다단계 판매 조직처럼, 먼저 진입한 이들에게 유리한 기울어진 운동장이라는 것이다. 때로는 상위 코치에게 멘토링을 받고 실망했다는 이야기도 들려온다. 이런 목소리들이 전혀 근거 없는 것만은 아니긴 하지만 아래의 지적처럼 조금 생각해 볼 문제이긴 하다.

이솝우화의 '신 포도' 이야기처럼, 도달하지 못한 것에 대한 합리화는 아닐까? 하나의 사례로 전체를 재단하는 오류를 범하고 있는 것은 아닐까? 내 생각에 자격증은 단순한 형식이 아니라, 그것을 취득하는 과정에서 얻게 되는 경험과 깨달음에 그 진정한 가치가 있는 것이다. 즉, 상위 자격증이 반드시 뛰어난 코칭 실력을 보장하지는 않을 수 있다. 하지만 그 자격을 얻기 위해 쏟는 노력과 그 과정에서 맞닥뜨리는 깨달음은 분명 우리를 성장시킨다. 더욱이 이는 고객을 향한 예의이기도 하다. 끊임없이 배우고 성장하려는 코치의 자세는 고객에 대한 존중의 표현이기 때문이다.

자격증은 코치의 성장을 측정하는 하나의 지표일 뿐이긴 하지만, 다른 한 편으로는 그 상위 자격증을 따기 위하여 노력하는 과정에서 무시할 수 없는 코치의 내면 성장과 깨달음이 수반된다는 것이다. 자격증을 따는 과정은 마치 산을 오르는 것과 같다. 정상에 도달하는 것도 중요하지만, 그 과정에서 마주치는 풍경과 극복해야 할 도전들이 우리를 진정한 코치로 만들어간다. 적어도 상위 자격증을 따려고 노력하는 코치들은 '코치의 취약성'을 인정하고 '코치다움'을 실천하려고 노력하는 코치로 긍정적으로 보아줄 수는 있을 것이다.

코칭 딜레마 3. 저 사람이 '코치'라고?

코치로 활동하면서도 다른 코치들의 실제 코칭 모습을 볼 기회는 드물다. 상위 자격증을 취득하기 위한 과정으로서 버디 코칭을 할 때가 아니고서는 거의 불가능에 가깝다. 그래서그런지 Cit 코칭연구소에서 연말이면 실시하는 '복면 코치 왕' 행사는 자못 그 의미가 있다고 할 것이다. 얼굴을 모른 상태로 동료 코치들이 벌이는 코칭 경연대회라고나 할까? 그만큼 다른 코치분들이 하는 코칭의 세계는 내밀하고 조금은 비밀스러워 보인다.이런 상황 속에서 정말 평상시에 말이 많고 주장이 강한 동료 코치를 보면 문득 의문이 든다. 저분은 과연 어떤 코칭을 하실까?

나 역시 주변에서 많이 듣는다. "코치는 경청이 중요하다면서, 네가 그렇게 말 많고 떠들기 좋아하는데 어떻게 코치가 됐니?", "코칭을 잘하기는 하는 거니?" 이런 의문들은 단순한 호기심을 넘어 코치의 자격에 대한 근본적인 질문을 던진다.

고객의 입장에서도 코칭은 낯선 경험이다. 대부분 고객은 "이번 코칭이 평생 처음입니다"라는 말로 코칭을 시작한다. 그런 고객들이 코치의 실력을 판단하기란 쉽지 않다. 코칭이 끝난 후 받는 만족도 평가도 코칭의 본질적 가치보다는 감정적 만족도에 더 가깝다. 이런 현실에서 "저 사람이 정말 훌륭한 코치일까? 훌륭한 코치가 될 수 있을까?"라는 의문은 깊은 딜레마로 다가온다.

　이 고민 속에서 어느 날 성당에서 답의 실마리를 찾았다. 한 못된 강도가 어느 날 갑자기 회개하고 크리스천이 되었다. 그리곤 정말 신앙인으로서 잘살았다. 그런 상투적인 이야기를 들으며, 문득 그런 생각이 들었다. 사람들은 그의 과거를 보며 믿지 못했고, 그 역시 하루아침에 완벽한 크리스천이 될 수는 없었고 형식만 크리스천이었겠지만, 시간이 흐르면서 신앙의 힘으로 진정한 크리스천으로 변모했을 것이다.

　코치도 마찬가지다. 처음에는 "저런 사람이?"라는 의구심을 살 수 있다. 하지만 진정성을 가지고 코칭을 지속하는 이들은 결국 코치다운 사람으로 변화한다. 실제로 내가 만난 5년 이상의 경험 많은 코치 중에는 진정성 없는 분들을 본 적이 없다. 이제 나는 자신 있게 말할 수 있다. "저 사람이 코치라고요?"라는 질문에 "네, 지금도 매일매일 더 나은 모습으로 계속 성장해가고 계신 코치입니다"라고.

　코치로서의 삶을 자랑하고 싶지만, 이것만이 유일한 올바른 길이라고는 말하지 않겠다. 각자의 철학과 가치관으로 판단할 일이다. 다만 이제

　　　　　　　　　　　　　리더에서 코치로 ────

막 코치의 길에 들어선 이들이 겪는 딜레마를 어떻게 극복할 수 있을지, 나의 경험과 생각을 나누고 싶었다. 이런 고민이 좋은 길을 포기하게 만드는 장애물이 되지 않기를 바란다. 딜레마라는 깊은 계곡을 건너 더 넓은 세상으로 나아가는 코치들이 더욱 많아지기를 소망한다.

코칭의 역설 – 불편한 진실과 마주하기

코칭의 여정에서 마주치는 불편한 진실들이 있다. 이 진실들은 때로 우리를 갈등 속으로 밀어 넣고, 코칭의 방향을 흐트러뜨린다. 그래서 오늘은 이 불편한 진실들의 본질을 들여다보고, 왜 우리가 이것들과 씨름해야 하는지 이야기하고자 한다.

첫 번째 진실은 역설적이다. "고객을 도와주려는 코치의 의지를 포기해야 한다." 얼핏 들으면 터무니없는 말처럼 들린다. 코치는 대가를 받고 고객의 이슈나 목표를 함께 풀어가는 파트너가 아닌가? 그런데 도와주지 말라니, 이게 무슨 말인가?

하지만 이것이야말로 진실이다. 우리는 욕심이 저지르는 만행을 잘 알고 있다. 욕심은 주관적 판단으로 이어지고, 그 주관적 판단은 무리한 목표 설정으로 이어진다. 여기서 핵심은 '주관', '판단', '주관적 목표(욕심)'라는 세 단어다. 고객을 돕고자 하는 코치의 의지도 결국은 욕심의 한 형태다. 이 욕심이 코칭을 지배하는 순간, 객관성과 합리성은 무너지고 만다.

이는 고객의 전인성을 신뢰하지 않는 처사다. 코치의 주관과 에고가

리더에서 코치로

개입하는 순간, 코칭은 그 본질을 잃는다. 고객이 주도하는 의미 있는 여정이 아닌, 코치의 자기만족과 성취감을 위한 도구로 전락하고 만다. 진정한 코칭이란 내면에 깊이 스며든 자신감을 바탕으로 고객을 인정하고, 공감하고, 반응하며, 질문하는 상호작용이어야 한다. 코치는 자신의 존재 가치를, 고객을 돕는다는 목적이 아닌, 코치로서의 온전한 현존(*Presence*)에 두어야 한다.

두 번째 불편한 진실은 더욱더 도발적이다. "코치는 코칭 중에 생각하면 안 된다." 이 또한 처음 들으면 말도 안 되는 소리처럼 들린다. 라포 형성부터 경청, 질문, 공감, 인정, 칭찬, 바꿔 말하기까지, 이 많은 것들을 어떻게 생각 없이 할 수 있단 말인가?

하지만 여기서 말하는 '생각'이란, 지금 이 순간 고객과의 상호작용 외의 모든 생각들을 의미한다. 코칭을 더 잘해보려는 의도적인 생각이나, 멋진 기법을 적용해 보려는 계산된 생각들 말이다. 고객에게 온전히 집중하고, 진정한 호기심을 보이며, 감정을 섬세하게 다루고, 성찰의 공간을 만드는 데만도 우리의 정신은 이미 200% 이상 쏟아부어지고 있다.

그래서 코칭에는 생각이 아닌 온전한 현존이 필요하다. 몸과 마음을 코칭에 맡기고, 개방적이고 유연한 자세로, 완전히 깨어있는 상태로 고객과 함께 있을 때, 비로소 코칭은 그 진정한 가치를 발휘할 수 있다. 이것이 불편하지만 받아들여야 할 진실이며, 이를 받아들일 때 우리는 더 나은 코치로 성장할 수 있다.

세 번째 "코칭은 망가져도 고객은 망가지지 않는다." 얼마나 황당한 소리인가? 코칭이 제대로 되지 않으면 고객이 원하는 문제해결이나 목표 달성은 물 건너간 것이 아닌가? 그런데 어찌 고객이 망가지지 않는다고 말할 수 있단 말인가? 하지만 이 역설적인 진술 속에는 깊은 진실이 담겨있다.

이 불편한 진실은 두 가지 측면에서 바라볼 수 있다. 먼저 코치의 입장이다. 많은 코치가 코칭이 망가질까 전전긍긍한다. 이 두려움은 코치로 하여금 자신의 판단과 기준으로 성공적인 모습을 보여주려는 강박으로 이어진다. 결국 코치의 주관과 에고가 코칭을 지배하게 되는 것이다. 하지만 '코칭이 망가져도 고객은 망가지지 않는다'라는 진실을 받아들이면, 코치들은 인위적으로 코칭을 완벽하게 만들려는 강박에서 벗어날 수 있다. 이런 자유로움이 오히려 더 자연스럽고 효과적인 코칭으로 이어질 수 있다.

두 번째 측면은 고객의 입장이다. 전인적인 고객에게 온전히 집중하며 함께하는 과정에서, 코치가 보기에는 코칭이 망가진 것 같아도 고객은 전혀 다르게 느낄 수 있다는 것이다. 실제로 고객들은 그 과정에서 나름의 깨달음을 얻고, 생각을 정리하며, 새로운 것을 배워간다. 설령 뚜렷한 성과가 없더라도, 그것이 곧 망가짐을 의미하지는 않는다.

이는 마치 감기 환자의 비유와도 같다. 감기가 낫지 않았다고 해서 그 환자가 암 환자가 되는 것은 아니다. 단지 감기가 아직 낫지 않았을 뿐이다. 마찬가지로 코칭이 기대한 만큼의 성과를 내지 못했다 하더라도, 그것이 고객의 삶이 망가졌음을 의미하지는 않는다. 단지 이번 코칭이 기대만큼 효과적이지 않았을 뿐이다.

결국 이 불편한 진실은 우리에게 중요한 가르침을 준다. 코칭이 망가질까 두려워 에고나 주관을 개입시키지 말고, 있는 그대로의 자신감으로 코칭에 임하라는 것이다. 이 가르침은 마치 안전망과도 같다. 실패에 대한 두려움에서 우리를 해방하고, 더 진정성 있는 코칭으로 이끌어주는 든든한 받침대가 되어준다.

이러한 시각은 코치에게 더 큰 자유를 준다. 완벽해야 한다는 부담감에서 벗어나, 진정으로 고객과 함께하는 순간에 집중할 수 있게 되는 것이다. 이것이야말로 불편하지만 받아들여야 할 진실이며, 이를 통해 우리는 더 나은 코치로 성장할 수 있다.

네 번째는 "코칭은 전문 영역이 존재하지 않는다!"이다. 코치들의 명함이나 프로필을 보면 흥미로운 현상을 발견하게 된다. '비즈니스 전문 코칭', '스타트업 특화 코칭', '심리기반 코칭', '청소년 커리어 코칭' 등 특정 영역을 전문 분야로 내세우는 경우가 많다. 실제로 이런 전문 코치들에게 코칭을 받은 고객들의 만족도도 상당히 높다. 하지만 이것이 과연 코칭의 본질일까?

나는 이것이 코칭의 본질과는 거리가 있다고 본다. 코칭은 기본적으로 대화 모델과 프로세스를 가지고 있으며, 어떤 문제든 고객 스스로 해결 방법을 찾아가도록 돕는 목표 중심의 (*Goal Focused Process*) 과정이다. 여기서 중요한 것은 코치의 경험이나 지식이 아니라, 고객의 이슈와 존재 (*Being*), 그리고 목표다.

이는 마치 음식과 같다. 고객이 누구이고 어떤 주제를 다루느냐는 것은 밥이냐, 국수냐, 빵이냐의 차이일 뿐이다. 코치는 어떤 종류의 음식이든 소화할 수 있는 건강한 사람과 같아야 한다.

그렇다면 왜 많은 코치가 전문 영역을 내세울까? 첫째는 코칭에 멘토링, 컨설팅, 심리상담 등이 뒤섞여 있기 때문이다. 이런 혼합된 방식에서는 당연히 특정 분야의 경험자가 유리할 수밖에 없다. 고객들 역시 코칭의 정확한 개념을 모르는 상태에서, 스스로 생각하는 힘든 과정 대신 전문가의 솔루션을 얻고 싶어 하는 유혹에 빠지기 쉽다.

아이러니하게도 코치 대부분은 이것이 순수한 코칭이 아님을 알고 있다. 그렇다면 고객 만족을 위해 코칭이 아닌 것을 코칭이라 말해도 되는 걸까? 이런 경우에는 고객에게 솔직히 이야기해 주어야 하지 않을까?

둘째는 마케팅 전략이다. '전문 코치'라는 타이틀이 단순히 '코치'보다 더 매력적으로 들릴 것이라는 계산이다. 솔직히 나조차도 프로필에 '전문 코치'라고 표기하고 있으니, 이를 비난할 자격은 없다. 코치 윤리라는 굴레를 안고 살아가는 우리의 모습이 아닐까.

하지만 진정으로 하고 싶은 말은 이것이다. "고객 여러분, 어떤 코치를 만나도, 어떤 주제를 다루어도 좋습니다. 편안한 마음으로 코칭을 받으세요." 코칭에서 가장 중요한 것은 특정 분야의 전문성이 아니라 코치와 고객 간의 관계 형성, 대화의 맥락과 흐름, 그리고 무엇보다 고객의 감정입니다. 라고

이제는 '전문 영역'이라는 환상에서 벗어나, 코칭의 본질로 돌아가야 할 때다. 진정한 코칭은 특정 분야의 지식이 아닌, 인간에 대한 이해와 신뢰를 바탕으로 한다. 그것이 우리가 잊지 말아야 할 코칭의 참모습이다.

코칭에서 마주치는 불편한 진실들은 마치 빙산의 일각과도 같다. 지금까지 살펴본 네 가지 불편한 진실은 그저 시작일 뿐이다. 코칭 현장의 다양한 상황들, 코치의 개별적인 경험들, 저마다 다른 고객들의 특성에 따라 우리는 끊임없이 새로운 불편한 진실들과 마주하게 된다.

하지만 이 모든 불편한 진실들이 품고 있는 가장 중요한 메시지는 역설적이다. 이러한 불편함을 정면으로 마주하고, 코치가 자신의 역량을 꾸준히 갈고닦아 나갈 때, 그 불편함은 오히려 편안함으로, 부족함은 충만함으로, 어색함은 자연스러움으로 변모한다는 것이다. 불편한 진실은 결국 우리를 더 나은 코치로 성장시키는 자양분이 되는 것이다.

이제는 이 불편함과 더 이상 싸우지 않으려 한다. 오히려 그것을 있는 그대로 받아들이고, 마음의 평화를 찾아 그 고요한 공간에서 코칭을 펼쳐나가고자 한다. 좌고우면하지 않고 앞으로 나아가는 것, 그것이야말로 코칭 역량의 선순환적 발전을 위한 가장 확실한 길임을 이제는 안다.

불편한 진실들은 결국 우리에게 축복이었다. 그것은 우리를 더 깊은

성찰로 이끌고, 더 진정성 있는 코치로 성장하게 만드는 소중한 나침반이었다. 이제 우리는 그 불편함을 넘어, 코칭의 본질을 향해 한 걸음 더 나아갈 수 있다.

수(守), 리(離), 파(破) - 배우고 익히고 깨뜨려라

　　　　　　　코치로서의 첫 발걸음을 내딛던 순간이 떠오른다. 자격증 시험을 준비하면서 나는 완벽한 형식을 갖추려 안간힘을 썼다.

　첫 번째는 "호칭을 뭐라고 불러드릴까요?", "지금 컨디션은 어떠신가요?", "지금부터 나누는 대화는...", "한국코치협회의 윤리규정과 개인정보보호법에 의해..." 등의 문구들을 마치 주문처럼 외웠다. 이 모든 절차가 시험에서는 절대 놓칠 수 없는 필수 요소였기 때문이다.

　하지만 실전 코칭 현장에서 마주한 현실은 달랐다. 내가 그토록 공들여 외운 형식적인 문구들이 오히려 장애물처럼 느껴졌다. 고객들은 이미 코칭 합의서나 계약서, 오리엔테이션 메일을 통해 기본적인 사항들을 숙지한 상태였다. 그들은 소중한 시간과 비용을 들여 코칭을 받으러 온 것이지, 형식적인 인사말을 듣기 위해 온 것이 아니었다.

　마치 병원에서 의사가 "호칭을 어떻게 불러드릴까요?"라고 묻지 않고 바로 "어디가 아파서 오셨습니까?"라고 물어보는 것처럼, 코칭에서도 본질적인 대화로 곧바로 들어가는 것이 자연스럽다는 것을 깨달았다.

이 깨달음은 단순한 깨달음이 아닌, 나의 코칭 철학을 새롭게 정립하는 계기가 되었다.

처음에는 이러한 변화가 두려웠다. '형식을 벗어나면 전문성이 떨어져 보이지 않을까?', '고객과의 신뢰 관계가 흔들리지 않을까?' 하는 불안감이 있었다. 하지만 시간이 지날수록 진정한 코칭의 가치는 형식적인 절차가 아닌, 고객과의 진정성 있는 소통에 있다는 것을 깊이 이해하게 되었다. 이것이 바로 '수(守)'에서 '리(離)'를 거쳐 '파(破)'로 나아가는 과정의 시작이었다.

이제 나는 안다. 형식은 기본을 잡아주는 틀이지만, 그 안에서 피어나는 진정성 있는 대화야말로 코칭의 본질이라는 것을. 이러한 깨달음은 나를 더 자유롭고 진실한 코치로 성장하게 해주었다. 때로는 형식을 벗어나 내용에 충실한 것이, 오히려 더 깊이 있는 코칭을 가능하게 한다는 것을 말이다.

두 번째로는 코칭 실기시험을 준비하면서 나는 GROW를 비롯한 다양한 대화 모델을 암기하느라 밤을 지새웠다. 마치 수학 공식을 외우듯 각각의 모델이 가진 특징과 단계를 머릿속에 새겼다. 목표 설정부터 현실 파악, 대안 탐색, 실행 의지 확인까지, 모든 과정이 체계적으로 정리된 이론들은 분명 매력적이었다.

그러나 실제 코칭 현장에서 마주한 인간의 감정은 어떤 모델로도 담아낼 수 없을 만큼 복잡하고 섬세했다. 사랑하는 이를 잃은 고객의 깊은 슬

리더에서 코치로

품 앞에서, 또는 말조차 제대로 잇지 못할 정도로 감정이 북받쳐 오른 고객 앞에서 어떤 대화 모델이 의미가 있을까? 이런 순간에 나는 내가 배운 모든 이론과 모델들이 무색해지는 것을 경험했다.

때로는 그저 침묵 속에서 고객의 이야기를 경청하는 것만으로도 가장 완벽한 코칭이 될 수 있다는 깨달음이 찾아왔다. 격정적인 감정이 가라앉을 때까지, 혼란스러운 생각들이 정리될 때까지 함께 기다려주는 것. 그것이야말로 진정한 코칭의 본질이 아닐까?

이러한 고민 속에서 나는 딜레마에 빠졌다. 시험에서는 체계적인 대화 모델의 적용을 요구하지만, 현실에서는 오히려 그 모델을 벗어나는 것이 더 자연스럽고 효과적일 때가 많았기 때문이다. 마치 악기를 배울 때 처음에는 음계를 정확히 짚어가며 연주하지만, 숙련된 연주자는 때로는 즉흥적으로 음을 변주하며 더 감동적인 선율을 만들어내는 것처럼.

결국 나는 또 한 번 깨달았다. 대화 모델은 나침반과 같은 것이다. 방향을 잃지 않게 해주는 최소한의 지침이지만, 때로는 나침반을 내려놓고 눈앞의 길을 직관적으로 걸어가야 할 때도 있다는 것을. 진정한 코칭의 예술은 이론과 실제, 모델과 현실, 형식과 자연스러움 사이의 균형을 찾아가는 여정 속에서 피어나는 것이다.

시험이라는 제도적 장치는 여전히 체계적인 모델의 운용을 강조한다. 하지만 이제 나는 안다. 그것은 시작점일 뿐, 진정한 코칭은 그 너머에서 시작된다는 것을. 때로는 모든 모델을 내려놓고 순수한 마음으로 고객의 이야기에 귀 기울이는 것, 그것이야말로 가장 자연스럽고 효과적인 코칭이 될 수 있다는 것을.

세 번째는 초보 코치였던 시절, 나는 '좋은 질문 모음집'을 마치 보물처럼 여겼다. "이것은 고객의 인생에 어떤 의미가 있는 건가요?", "이렇게 되면 고객의 인생은 어떻게 바뀌는 건가요?", "이미지로 한번 표현해 보시겠어요?" 같은 질문들을 수첩에 적어 가며 암기했다. 마치 배우가 대본을 외우듯, 나는 이 질문들이 완벽한 코칭의 열쇠라고 믿었다.

처음에는 성공적인 것처럼 보였다. 외워둔 질문을 꺼내 던질 때마다 고객이 깊은 생각에 잠기는 모습을 보며 뿌듯해했다. 하지만 점차 불편한 진실과 마주하게 되었다. 존재와 관련된 깊은 질문을 연달아 던졌을 때 고객의 얼굴에 스치는 미묘한 당혹감, 직관적 표현을 요구했을 때 순간적으로 굳어버리는 표정, 그리고 그들의 눈빛에서 읽히는 '이 사람이 도대체 무슨 말을 하는 거지?'라는 의문.

특히 잊을 수 없는 순간이 있다. 한 고객에게 "이 상황을 이미지로 표현해 본다면 어떤 모습일까요?"라고 질문했을 때, 그의 눈빛이 마치 외계인을 보듯 낯설어졌다. 그 순간의 정적과 어색함은 내가 그동안 믿어왔던 '좋은 질문'이라는 개념 전체를 흔들어놓았다.

이런 경험들은 나를 깊은 성찰로 이끌었다. 정말 '좋은 질문'이란 무엇일까? 책에서 배운 완벽한 문장들이 실제 상황에서는 오히려 장벽이 될 수 있다는 역설적인 진실을 마주하게 된 것이다. 마치 너무 공들여 꾸민 정원이 도리어 부자연스러워 보이는 것처럼, 너무 다듬어진 질문은 오히려 진정성을 해칠 수 있다는 것을.

물론 시험에서는 여전히 이러한 정형화된 질문들이 높이 평가받는다. 하지만 진정한 코칭의 예술은 외운 질문을 던지는 것이 아니라, 고객의 이야기에 깊이 귀 기울이며 그 순간에 가장 자연스럽게 피어나는 질문을 던지는 것임을 깨달았다. 때로는 단순한 "그래서요?"또는 "어떠신가요?"라는 질문이 철학적인 깊이를 가진 질문보다 더 강력한 통찰을 이끌어낼 수 있다는 것을.

초보 코치들이 처음 마주하는 위에서 언급한 세 가지 형식(기본 형식, 대화 모델, 정형화된 질문)은 마치 붓글씨를 배우는 초심자가 반드시 거쳐야 하는 기본 획과도 같다. 처음에는 이 형식이 때로는 답답하고 불필요해 보일 수 있다. 하지만 이는 마치 그릇이 물을 담듯, 코칭의 본질적 내용을 담아내는 최소한의 틀이다. KAC 단계의 초급 코치들에게 이러한 형식이 강조되는 이유가 바로 여기에 있다. 형식이 내용을 지배하는 이 단계는 피할 수 없는 성장통이자, 더 높은 단계로 나아가기 위한 필수적인 과정이다.

그러나 시간이 흐르고 경험이 쌓이면서 놀라운 변화가 찾아온다. 처음에는 의식적으로 신경 써야 했던 라포 형성이 자연스러워지고, 대화 모델은 더 이상 따라야 할 규칙이 아닌 자연스러운 흐름이 된다. 마치 무용수가 기본기를 완전히 체화한 후에야 진정한 춤을 출 수 있는 것처럼, 코치도 형식을 완전히 익힌 후에야 고객의 마음을 따라 자유롭게 흐르는 코칭이 가능해진다. 이는 수많은 시행착오와 경험을 통해 형식이 내면화되는 과정이다.

그리고 마침내 도달하는 최고 단계, KSC나 MCC 코치들의 모습은 또 다른 차원을 보여준다. 이들은 기존의 형식을 완전히 초월하여 자신만의 고유한 스타일을 창조해 낸다. 마치 위대한 예술가가 기존의 규칙을 깨고 새로운 예술 사조를 만들어내듯, 이들은 교과서적 형식을 넘어 '천의무봉(天衣無縫)'의 새로운 형식을 탄생시킨다. 그들의 코칭은 마치 물이 흐르듯 자연스럽고, 바람이 불듯 자유롭다. 이는 내용이 기존의 형식을 파괴하고 새로운 형식을 창조해 낸 결과다.

이러한 진화의 과정은 끝없는 순환의 모습을 보인다. 배움-활용-숙달의 단계를 거쳐, 다시 파괴-재창조-새로운 숙달로 이어지는 나선형적 성장. 이것이 바로 진정한 코치의 길이다. 마치 겨울이 지나면 봄이 오고, 다시 여름과 가을을 거쳐 새로운 겨울이 오듯, 코칭의 예술도 끊임없는 순환을 통해 더 높은 차원으로 진화해 간다.

결국 코치의 성장은 단순한 기술의 축적이 아닌, 예술가적 여정이다. 초심자 시절의 견고한 형식주의는 중견 코치의 자연스러운 흐름으로, 그리고 마침내 최고 수준의 코치가 보여주는 창조적 파괴와 재탄생으로 이어진다. 이러한 순환적 진화야말로 코칭이라는 예술이 가진 아름다움이며, 모든 코치가 걸어가야 할 운명의 길인 것이다.

수(守), 리(離), 파(破) 원칙은 마치 거울처럼 코칭의 성장 과정을 비추어준다. 기본을 충실히 익히는 '수(守)'의 단계에서, 그것을 자신의 것으로 만드는 '리(離)'를 거쳐, 마침내 독창적 경지에 이르는 '파(破)'까지. 이는 단순한 원칙이 아닌, 모든 예술과 학문의 정점을 향한 보편적 진리를 담고 있다.

경제학의 파괴적 혁신(*Disruptive Innovation*) 개념 역시 같은 맥락이다. 기존의 최적화된 상태를 과감히 허물고 새로운 혁신(파괴)을 추구하는 과정은, 코치가 자신의 편안한 영역을 벗어나 새로운 경지를 개척해 가는 여정과 닮아있다. First-Mover가 시장의 선구자가 되듯, 코치도 끊임없는 혁신을 통해 코칭의 새로운 지평을 열어가야 한다.

코칭이 인문과학이자 사회과학, 그리고 경제학의 성격을 나타내고 있다는 점에서, 이러한 원칙들은 더욱 의미가 깊다. 지속적인 학습과 수련을 통해 기본을 완벽히 익히고, 그것을 자신만의 것으로 승화시키며, 다시 그 틀을 깨고 새로운 차원으로 나아가는 과정. 이는 한 명의 평범한 코치가 어떻게 코칭의 가치를 세상에 전파하는 선구자가 될 수 있는지를 보여주는 청사진이다.

그러나 오늘 밤, 이 깨달음은 오히려 나를 뒤척이게 한다. 아직 '수(守)'의 단계조차 완벽히 마무리하지 못한 내 모습이 부끄럽게 느껴진다. 알면서도 실천하지 못하는 나의 게으름, 깨달음과 실천 사이의 간극이 마음을 무겁게 한다. 마치 등산가가 정상을 바라보며 자신의 현재 위치를 실감하는 것처럼, 나는 내가 가야 할 길이 얼마나 멀고 험한지를 새삼 깨닫는다.

하지만 이러한 부끄러움과 자각마저도 성장의 한 과정일 것이다. 오늘 만나는 고객들에게 나의 부족함을 겸허히 인정하면서도, 더 나은 코치가 되기 위해 정진하겠다는 각오를 다진다. 이것이 바로 진정한 '수행자의 길'이 아닐까. 완벽하지 않은 나의 모습을 인정하면서도, 끊임없이 성장을 향해 나아가는 것. 그것이 코치로서의 진정성이며, 결국 고객들에게 줄 수 있는 가장 큰 선물일 것이다.

일로정진(一路精進)하는 마음으로, 오늘도 나는 한 걸음 더 나아간다. 부족한 나를 만나주는 고객들에게 감사함을 가슴에 품고, 수(守)에서 리(離)로, 리(離)에서 파(破)로 나아가는 긴 여정을 계속해 나갈 것이다.

리더에서 코치로 ────

코칭의 본질 – 내면의 지혜를 일깨우는 여정

"코칭이 무엇인가요?"라는 질문을 받을 때마다 느끼는 그 미묘한 긴장감과 불안함. 내 안에서는 두 가지 목소리가 충돌했다. 하나는 코칭의 본질적 가치를 전달하고 싶은 순수한 열망이었고, 다른 하나는 '나'라는 코치를 인정받고 싶은, 어쩌면 '과시하고 싶은' 욕구였다.

이런 내적 갈등 속에서 나는 때로 부끄러워졌다. 코칭이라는 숭고한 활동을 설명하면서도, 한편으로는 '나를 좀 더 존경스럽게 봐주었으면….'하는 불순한 마음이 스며드는 것을 느꼈기 때문이다. 그것은 마치 맑은 물에 잉크 한 방울이 떨어지는 것 같은 느낌이었다.

그러다 발견한 것이 '코칭놀이터'라는 네이버 블로그의 '카툰으로 이해하는 코칭' 동영상이었다.

(https://blog.naver.com/peterkorchi/222909976584)

이 영상은 네이버에서 '카툰으로 이해하는 코칭'을 검색하면 확인할 수 있다. 이 영상은 내가 말로 설명하려 애쓰던 것들을 정말 우아하고 자연스럽게 보여준다. 복잡한 이론이나 거창한 수식어 없이도, 코칭의 본질을 이해하기 쉽게 전달하는 모습에 감탄했다.

올빼미와 여우의 대화는 진정한 코칭의 모습을 보여준다. 이 영상에서 올빼미는 코치를, 여우는 고객을, 물고기, 새, 비버는 다른 성공 사례를 가진 사람들을 상징한다. 여우는 마을 앞의 강을 건너고 싶어 하는 데 마땅한 방법을 찾지 못해서 마을의 어른인 올빼미를 찾아가서 고민을 이야기하고 답을 구한다.

올빼미는 자신의 지식이나 해답을 과시하지 않는다. 대신 질문을 통해 여우가 스스로를 들여다보게 한다. "강을 건너는 것은 어떤 의미일까요?"라는 질문은 단순한 물리적 행위를 넘어 그 의미를 탐색하게 만든다. 여우가 다른 동물들의 방식을 모방하다 실패한 경험을 나눌 때도, 올빼미는 판단하거나 비판하지 않는다.

가장 중요한 전환점은 올빼미가 여우에게 강물을 들여다보라고 했을 때다. 물에 비친 자기 모습을 보며 여우는 자신의 고유한 특성(영리한 머리와 튼튼한 뒷다리)을 재발견한다. 이는 코칭의 핵심이다. 다른 이의 성공 방식을 모방하는 것이 아니라, 자신만의 강점을 발견하고 활용하는 것.

이 우화는 코칭에서의 인간관을 선명하게 보여준다. 모든 사람은 자신만의 고유한 해답을 가지고 있다. 코치의 역할은 그 해답을 주는 것이 아니라, 질문을 통해 내담자가 스스로의 답을 발견하도록 돕는 것이다. 여우가 물고기처럼 헤엄치거나, 비버처럼 둑을 쌓거나, 새처럼 날아가려는 시도가 실패했을 때, 진정한 해결책은 여우 자신의 본질로 돌아가는 것에 있었다.

이제 나는 코칭을 설명할 때 더 이상 불안해하지 않는다. 코칭의 가치는 화려한 말이나 전문적인 용어에 있는 것이 아니라, 각 사람 안에 잠재된 지혜와 능력을 일깨우는 그 순간에 있다는 것을 알게 되었기 때문이다. 올빼미처럼, 우리는 다만 그들이 자기 모습을 비추어볼 수 있는 맑은 거울이 되어주면 된다.

이 우화는 단순한 이야기 그 이상이다. 이는 인간에 대한 근본적인 신뢰와 존중을 담고 있다. 모든 사람은 자신만의 해답을 가지고 있으며, 그것을 발견하고 개발할 수 있는 능력이 있다는 믿음. 코칭은 그 발견의 여정을 함께하는 동반자적 관계인 것이다. 이러한 깨달음은 나를 더 겸손하고 진실된 코치로 만들어주었다.

현대 사회는 MBTI, 혈액형, 갤럽 강점진단, 버크만 진단, VIA 강점진단 등 다양한 도구로 사람을 분류하고 이해하려 한다. 특히 젊은 세대들 사이에서 MBTI는 마치 자신을 설명하는 신분증과도 같은 역할을 하고 있다. 하지만 이러한 도구들은 역설적으로 인간의 본질적 다양성을 증명한다. 어떤 한 사람도 단순히 '이성적' 혹은 '감성적'이라는 이분법적 잣대로 완벽하게 설명될 수 없다는 것을 보여주기 때문이다.

코칭은 이러한 인간의 다양성을 기본 전제로 시작한다. 마치 지문이 모두 다르듯, 각 개인이 가진 특성과 성향의 조합은 무한하다. 그러나 코칭의 시선은 여기서 그치지 않는다. 이 다양성은 단순한 차이가 아닌, 각자의 고유한 강점이 될 수 있다는 적극적이고 긍정적인 관점으로 나아간다.

'가위나라의 칼' 우화는 이를 완벽하게 설명한다. 가위나라에서 칼은 이방인이자 무용지물로 여겨질 수 있다. 모두가 가위인 세상에서 칼의 존재는 '결함' 혹은 '부적격'으로 낙인찍힐 수 있다. 그러나 시야를 넓혀 인간 나라로 나오면, 칼은 가위만큼 혹은 그 이상의 가치를 지닌 존재가 된다. 이는 다양성을 인정하는 첫 단계다.

더 나아가 코칭은 이 다양성이 구체적인 강점으로 발현되는 과정을 지원한다. 칼이라는 존재가 가진 '베는 기능'이라는 기본적 특성은, 상황과 맥락에 따라 다양한 가치로 확장된다. 고기를 써는 칼, 등산용 칼, 회 뜨는 칼로, 때로는 생명을 구하는 의사의 메스로 승화되는 것이다. 이는 단순한 기능적 다양성을 넘어, 존재의 의미와 가치를 새롭게 정의하는 과정이다.

결국 코칭에서 사람을 바라보는 시각은 세 단계로 심화한다. 첫째, 모든 인간은 다양하다는 기본 인정. 둘째, 그 다양성은 각자의 고유한 강점이 될 수 있다는 긍정적 전환. 셋째, 이 강점이 구체적인 가치 창출로 이어질 수 있다는 실현적 전망이다. 이는 마치 씨앗이 싹을 틔우고, 꽃을 피우고, 마침내 열매를 맺는 과정과도 같다.

이러한 시각은 코치로 하여금 모든 내담자를 무한한 가능성을 지닌 존재로 바라보게 한다. 가위나라의 칼처럼 현재는 부적응자로 보일지라도, 그 안에 숨겨진 강점과 잠재력이 적절한 맥락에서 빛을 발할 수 있다는 믿음. 이것이 바로 코칭이 품고 있는 근본적인 인간에 대한 신뢰이자 희망이다.

코칭의 마법은 '문제'가 '가능성'으로 변모하는 순간에 있다. 가위나라에서 칼은 '비정상'이었다. 그들의 기준에서 보면 쓸모없고, 어울리지 않는 존재였다. 마치 수많은 사람이 자신의 '다름'을 결핍으로 여기며 살아가는 것처럼. 하지만 코칭은 이 '다름'을 새로운 시각으로 바라보게 한다. 칼이 메스가 되어 생명을 살리는 순간, 그의 '문제'였던 정체성은 오히려 그만이 가질 수 있는 특별한 가치가 된다.

그러나 여전히 나는 코치로서 불안하다. '어떻게 해야 하는가'라는 질문이 늘 마음 한편을 차지하고 있다. 그럴 때마다 세 가지 좌우명을 되새긴다:

1. "고객"을 비추어주는 투명한 거울이 되자
   - 왜곡없이 있는 그대로
   - 판단하지 않고 평가하지 않기
2. 고객의 "발견과 기쁨"을 비추어주는 거울이 되자
   - 잠재력을 발견한 순간의 반짝거림을 알아차리도록
   - 가능성을 발견한 순간의 설레임과 자신감을 알아차리도록
3. 고객의 "가치실현 여정"을 비추어주는 거울이 되자

- 한걸음 한걸음 도전과 성장의 모습을 격려하는
- 처음부터 끝까지 기쁘게 함께 하는

그리고 마침내 깨닫는다. 코치는 마치 산소와 같은 존재여야 한다는 것을. 불이 타오르기 위해서는 산소가 필요하지만, 일단 불이 붙으면 그 안에서 산소는 보이지 않는다. 코치도 그래야 한다. 고객의 성장이라는 불꽃이 타오르게 하는 촉매자이되, 결코 그 불꽃의 주인공이 되어서는 안 된다.

이것이 바로 '투명한 거울'의 진정한 의미일 것이다. 너무 뿌옇지도, 너무 반짝이지도 않는. 그저 있는 그대로를 비추되, 그 안에서 무한한 가능성을 발견할 수 있게 하는 맑은 거울. 코치의 존재감은 역설적으로 그 투명함에 있다.

매일 아침, 코칭을 시작하기 전에 나는 다짐한다. 오늘도 투명한 거울이 되자고. 그리고 덧붙인다. 이런 깨달음을 준 코칭놀이터의 우화처럼, 나 또한 누군가의 여정에 작은 도움이 되길 바라며. 결국 코칭은 '없는 것 같으면서도 있는' 그 미묘한 균형 속에서 가장 빛나는 것이다.

리더에서 코치로
SK 임원 출신 코치들의 코칭 이야기

초판 1쇄 인쇄 · 2025년 2월 20일
초판 1쇄 발행 · 2025년 2월 20일

지은이 고정연, 권송, 김달곤, 윤혁노, 임성배, 조영이
펴낸이 김웅
펴낸곳 REPETO AI 레페토 에이아이

주소 서울시 강남구 선릉로 94길 12, 6층
이메일   contact@repetoai.com
전화번호   010-4889-3641
홈페이지   www.mominterview.com

ISBN   979-11-989549-3-0 93320

표지 디자인 김다원 & "designed by rawpixel.com – Freepik.com"